Thomas Quartier OSB

Heilige Wut

Thomas Quartier OSB

Heilige Wut

Mönch sein
heißt radikal sein

HERDER

FREIBURG · BASEL · WIEN

MIX
Papier aus verantwor-
tungsvollen Quellen
FSC
www.fsc.org   FSC® C083411

Umschlaggestaltung: Pittner Design
Umschlagmotiv: © iStock – aluxum

Als deutsche Bibelübersetzung ist zugrunde gelegt:
Die Bibel. Die Heilige Schrift
des Alten und Neuen Bundes.
Vollständige deutschsprachige Ausgabe
© Verlag Herder GmbH, Freiburg im Breisgau 2005

DIE BIBEL

Satz: post scriptum, Vogtsburg-Burkheim / Hüfingen
Herstellung: CPI books GmbH, Leck
Printed in Germany

ISBN Print 978-3-451-37987-1
ISBN E-Book 978-3-451-81261-3

In dankbarer Erinnerung
an meinen Vater Paul Quartier
(1936–1992)
Vorbild für die Suche

Inhalt

Verstörungen

»Warum sind Sie Mönch geworden?« Der Unterton, mit dem mir diese Frage oft gestellt wird, schwankt zwischen Neugier und irritierter Ablehnung. Die einen finden es erstaunlich, dass ein Wissenschaftler und Buchautor, Mitte vierzig, ein Leben als Klosterbruder führt. Die anderen ärgern sich, werfen mir vor, mich aus der Verantwortung zu stehlen: »Sie hätten in der Welt doch so viel bewegen können und verkriechen sich stattdessen in einem Kloster!« Viele Außenstehende verstehen nicht, dass Klosterleben sich nicht nach gängigen Maßstäben bemessen lässt. Die Bemerkung zweier älterer Damen, an denen ich einmal mit einem gleichaltrigen Mitbruder in der Stadt vorbeilief, hat mir dahingehend die Augen geöffnet: »Ach, wie schade!«, sagten sie. Und ich gehe fest davon aus, dass sie uns nicht als potenzielle Flirtpartner im Auge hatten. Vielmehr empfanden sie, was wir tun, als Verschwendung.

Andere wiederum stellen sich das Klosterleben als Idylle, fern vom »wirklichen Leben« vor: »Sie haben es gut im Kloster. Die Ruhe und die Ausgeglichenheit, die hätte ich gerne«, sagen mir viele. Ich kann diesen Eindruck nicht teilen. Das Kloster ist keine heile Welt! Oft genug war ich in den letzten Jahren verstört, musste immer wieder lernen, die Stille und den Raum des Klosters zu ertragen. Solche Erfahrungen assoziiere ich mit dem Wort »Verstörung«, das der österreichische Schriftsteller Thomas Bernhard für die Abgründe des Lebens verwendet. Seinem Roman mit gleichem Titel stellt er ein Zitat von Blaise Pascal voran: »Das ewige Schweigen dieser unendlichen Räume macht mich schaudern«.[1] Die Fragen und Bemerkungen von Lesern und Zuhörern konfrontieren mich stets aufs Neue mit meinen eigenen Verstörungen. Mit jenen Erfahrungen, die einem alles abverlangen. Anders als bei Bernhard hoffe ich jedoch, dass mich jede Verstörung einen Schritt weiterbringt, dass das »Schweigen des unendlichen Raumes« zu einem heiligen Schweigen wird. Ich glaube, dass man Verstörungen in seinem Leben suchen und daran wachsen muss. Es ist unsere Aufgabe, sie zu heiligen.

Das Klosterleben gehört eindeutig nicht mehr zu den gesellschaftlich anerkannten Wegen, seinem Leben Sinn zu verleihen. Es stellt eigentlich keine realistische Lebensperspektive mehr dar. Menschen haben von der Tradition gehört, wissen, dass es Mönche und Nonnen gab. Aber heute kann doch kein normaler Mensch mehr auf die Idee kommen, diese Lebensform zu wählen, so mysteriös sie auch sein mag. Viele sagen mir das ins Gesicht: »Sie sind doch noch so jung …« Es ist wohl nicht als Kompliment gemeint. Auch werde ich immer wieder gefragt: »Zu wie vielen sind Sie *noch* in Ihrer Abtei?« Das finde ich taktlos. Was heißt hier »noch«? Diese Fragen zeigen, dass die Lebensform als solche – wie viele heilige Lebensformen und -bereiche – heute eine Verstörung ist.

Es gibt tatsächlich immer weniger Ordensberufungen. Das stimmt die meisten Leute pessimistisch, was die Zukunft des Klosterlebens angeht. Ob sie ahnen, welche Wut, Irritation, Unsicherheit und Orientierungslosigkeit jeder einzelnen Entscheidung zum Eintritt in ein Kloster vorangehen? Da sind die vielen Zweifel an der Sinnhaftigkeit und der Relevanz des Klosterlebens; das erschaudernde Schweigen; der große Mut, gesellschaftlichen Trends und persönlichen Wunschvorstellungen zu trotzen. All das hat viel mit einer Wut im Bauch zu tun. Mit dem unruhigen Gefühl, dass die Welt einem nicht geben kann, wonach man sucht. Es mag manchen überraschen, dass ein Gefühl wie »Wut« mit dem Klosterleben zu tun haben kann. Wut ist längst nicht immer so zweck- und zielgerichtet, dass man sie direkt in ein Lebensprojekt umsetzen könnte. Sie verlangt die Bereitschaft, sich dem Leben auszusetzen, einschließlich seiner destruktiven Seiten. Im Kloster kann man nämlich nicht wegrennen.

Die unbestimmte Wut im Bauch, die Heimatlosigkeit in der Welt, wird zu einer Zerreißprobe. Aber wenn man die akuten Krisenmomente übersteht, kommt man dem Ideal des Klosterlebens gerade durch seine Wut ein Stückchen näher. Man muss seine Wut heiligen, wenn man ein klösterliches Leben führen will.

Es gibt verschiedene Gründe, warum ich ins Kloster eingetreten bin. Heutzutage ist eine solche Lebensentscheidung für jeden ein sehr persönlicher Prozess. Ich selbst habe ein Leben im Kloster bis kurz vor meinem Eintritt für mich nie als realistische Möglichkeit in Betracht gezogen. Noch heute erschrecke ich mich morgens manchmal, wenn ich in meiner Klosterzelle aufwache. Habe ich tatsächlich diesen Schritt gewagt? Lebe ich nun so, wie ich es mir nie vorstellen konnte? Die Verstörung ist keineswegs aus meinem Leben verschwunden. Aber ich habe seit dem Tag meines Eintritts keine Stunde als sinnlos erfahren. Es lohnt sich, das Ganz-Andere zu tun, sich verstören zu lassen. Nur so lassen sich Bereiche des Lebens erreichen, von denen man gar nicht wusste, dass es sie gibt.

Man dringt bis zur Wurzel der eigenen Wut vor. *Radix*, das lateinische Wort für »Wurzel«, liegt unserem Wort »radikal« zugrunde. Ich muss bekennen, dass es mich immer fasziniert hat, wenn Leute radikal leben. Aber was heißt das? Bedeutet es, ausgeflippt oder fanatisch zu sein? In der Alltagssprache denken viele an diese Bedeutungen. Radikalität fasziniert »junge Rebellen« und schreckt Menschen in einer gesetzteren Lebensform ab. Im eigentlichen Sinne geht es weder um Extravaganz noch um Extreme. Es geht vielmehr darum, sein Leben von der Wurzel her konsequent zu gestalten. Ich bin sicher, dass viele scheinbar radikale Menschen in bestimmten Lebensbereichen ganz anders sind, als es ihr radikales Engagement vermuten lässt. Mönche können das nicht. Ihr ganzes Leben entsprießt sozusagen derselben Wurzel, nämlich radikal dem Ruf Gottes ins Kloster zu folgen. Ausnahmen gibt es im Idealfall nicht, auch keine Freizeit im eigentlichen Sinne. Mönch sein heißt radikal sein, und zwar radikaler als die »Radikalinskis«, die gerade in unserer bewegten Zeit immer wieder für Schlagzeilen sorgen.

Viele Leute können sich nicht vorstellen, was Mönche den ganzen Tag lang tun. Sie wissen wenig von ihren Empfindungen und von jenem schwierigen Gleichgewicht zwischen klösterlicher Zurückgezogenheit und gesellschaftlichem Engagement, zwischen persönlicher Eigenheit und klösterlicher Disziplin, zwischen Aufgeschlossenheit und Absonderung. Wenn man dieses Gleichgewicht sucht, bringt es nichts, seine spontanen Gefühle zu unterdrücken. Denn früher oder später würden sie auch im Kloster wieder zum Vorschein kommen, im »Schweigen des unendlichen Raumes«. Man muss sich seiner Wut stellen, und zwar radikal, von Grund auf. Das Kloster hilft, dabei nicht verrückt zu werden. Es bietet eine Struktur, die hilft, nicht in der Verstörung stecken zu bleiben. Man öffnet sich im geschlossenen Raum. Radikalität in diesem Sinne schottet nicht ab und verstellt nicht den Blick. Im Gegenteil, sie zwingt einen, die Augen zu öffnen.

Oft frage ich mich, worauf sich Wut und Radikalität eigentlich richten: auf einen selbst, auf die Menschen in der direkten Umgebung, auf die Gesellschaft oder die Politik? Alles das ist nicht falsch, aber der Kern ist ein anderer. Die Wut sitzt tiefer, sie ist selber radikal: unbestimmt und dadurch allumfassend. Heiligt man sie, öffnet man sich für den eigenen Lebensentwurf.

Ich lebe im Kloster mit einer Gruppe von Menschen, die ich mir *nicht* selber ausgesucht habe. Es geht nicht um meine persönliche Vorliebe, nicht um Sympathie oder Antipathie, sondern um das gemeinsame Ideal. Nicht die Wut aufeinander bestimmt unseren Tagesablauf, auch wenn es in einer Gruppe von Junggesellen weiß Gott genug Irritationen gibt. Nein, uns alle treibt die Wut auf eine Scheinwirklichkeit an, die uns ein menschenwürdiges Leben, das für Gott offen ist, unmöglich zu machen droht.

Dieser Antrieb ist Zweck an sich und heiliges Ziel zugleich. Er kann durch keine schlechten Prognosen für die Zukunft des Ordenslebens ins Wanken gebracht werden. Ob nun viele oder wenige denselben Weg gehen wie ich, ist mir persönlich relativ egal. Natürlich freue ich mich, wenn es in unserem Kloster neue Berufungen gibt. Aber letztlich würde ich auch mit nur zwei Mitbrüdern dasselbe tun wie heute: »Denn wo zwei oder drei in meinem Namen versammelt sind, da bin ich mitten unter ihnen.« (Mt 18,20) Auch die Meinung, dass ich als junger Wissenschaftler »einen toten Gaul reite«, weil ich mich für das Klosterleben entschieden habe, wie mir ein guter Freund letztens scherzhaft bei einem Bier sagte, berührt mich nicht wirklich. Solange ich auf diesem Weg bin, existiert er. Ich habe mich genug darüber aufgeregt, mich daran gerieben und darunter gelitten.

Ich habe meine Verstörungen aus den letzten Jahren vor und während des Noviziats und die Versuche, meine Wut zu heiligen, aufgeschrieben. Sie sind wahrscheinlich ganz und gar nicht, was sich Außenstehende unter der ersten Phase eines Klosterlebens vorstellen. Ich habe den Versuch unternommen, meiner Entwicklung radikal auf den Grund zu gehen. Dabei sind für mich sehr merkwürdige Erfahrungen und Gefühle ans Tageslicht gekommen. Daher eignen sich die folgenden Kapitel absolut nicht als Einführung ins Klosterleben. Sie bieten auch keinen Leitfaden für jene, die sich von Klosterweisheiten inspirieren lassen wollen. Aber sie können Mönche und Nonnen, Assoziierte (bei uns heißen sie »Oblaten«), Gäste und all die vielen anderen, die ihre eigene heilige Wut und ein radikales Leben suchen, zum Nachdenken anregen. Wenn meine Verstörungen ein Spiegel sind, in dem sie alle sich betrachten können, haben sie ihren Zweck mehr als erfüllt.

I.

Umwege ins Kloster

1 Wut

Als ich zum ersten Mal für längere Zeit in einem Kloster zu Gast war, packte mich die Wut. Ich kann mich noch gut daran erinnern. Es war in meiner Studentenzeit. Ich war zwar schon öfters für Besichtigungen in Abteien gewesen oder hatte in Klosterbuchhandlungen gestöbert, doch dieses Mal war es eine bewusste Entscheidung. Wir sollten mit einer Gruppe einige Tage dort verbringen. Ich hatte ein mulmiges Gefühl, denn Wut war zu der Zeit meine Lebenshaltung. Es gab nichts, worüber meine damaligen Weggefährten und ich in der Gesellschaft, der Kirche und der Weltpolitik nicht wütend gewesen wären. Wir waren engagiert und angetrieben von dem sicheren Gefühl, dass alle, die unsere Empörung nicht teilten, schlechten Willens sein mussten. Es war eine ungestüme und wunderbare Zeit! Würde an einem Ort der beschaulichen Ruhe Raum für diese Wut sein? Oder würde ich wütend auf die braven Klosterbrüder werden? Ich lief natürlich mit dem Kopf gegen die Wand. Keiner schien sich im Kloster dafür zu interessieren, was mich antrieb. Und das brachte mich erst richtig in Rage. Aber der Reihe nach.

Wir begannen unseren Aufenthalt mit einem Sprung ins kalte Wasser. Als wir gegen 16.30 Uhr ankamen, machte keiner auf. Einem Schild an der Pforte entnahmen wir, dass um 17.00 Uhr die Vesper stattfinden würde. Als junger Theologiestudent hatte ich spontan keine rechte Idee, was ich mir darunter vorstellen sollte. Komisch eigentlich, aber mit dem Stundengebet hatte ich bisher keine Erfahrung, und mit dem klösterlichen schon gar nicht. Wie sollte ich mich verhalten? Wurde von mir erwartet, dass ich mitmache? Das einzige, was ich wusste, war, dass der erste Eindruck aus der Vesper entscheidend sein würde, ob das mulmige Gefühl blieb oder nicht. Denn aus dem Aushang konnte ich schlussfolgern, dass wir in den kommenden Tagen noch viele Gottesdienste dieser Art besuchen würden. Sieben Mal täglich, um genau zu sein. Ich kannte den Leitspruch: »*ora et labora*« (bete und arbeite). Das also tat man hinter den dicken Klostermauern, hinter denen ich mich nun wiederfand.

Der erste Gottesdienst in der Klosterkirche irritierte mich ungemein. Das war verschiedenen Umständen geschuldet. Zunächst machte mich die Ruhe der Mönche nervös. Wie sie in einer unendlich langsamen Prozession in die Kirche einzogen, wie sie mit Bedacht ihre Chorbücher aufschlugen, ohne dabei den Eindruck zu erwecken, dass ein innerer Antrieb den Gottesdienst zu einem lebendigen Geschehen machen würde! Schon der Beginn wirkte sehr träge, die Mönche beinahe desinteressiert. Hatten diese Männer keine Lust? War die Ruhe das Resultat einer abgestumpften Routine? Auch der Gesang, den sie schließlich intonierten, war von einer Eintönigkeit, dass ich nach der langen Autofahrt zum Kloster beinahe einschlief. Waren die Mönche nicht schon längst innerlich eingeschlafen? Waren sie ihrer eigenen klösterlichen Stille zum Opfer gefallen?

Die zweite Irritation folgte auf dem Fuße. Die Gemeinschaft, die dort so geruhsam einzog, wies große Unterschiede auf, was Gesundheitszustand und Mobilität betraf. Unter ihnen waren langsame Mönche, die am Stock gingen. Wie würde es für die anderen sein, sich nach ihnen zu richten? Würde einer des anderen Last tragen? Ich ging davon aus, dass sie einander helfen, sich gegenseitig durch kleine Gesten anspornen und ermutigen würden, immer aufmerksam auf die Signale der Bedürftigen achtend. Aber da waren keine persönlichen Gesten der Verständigung, kein Lächeln, keine helfende Hand. Die Mitglieder waren so aneinander gewöhnt, dass sie sich scheinbar mit den Schwächen der anderen arrangiert hatten. Ich hatte etwas anderes erwartet, eine aktive Zuwendung. Gab es hier denn keinen Zusammenhalt? Wurde denn in dieser sogenannten Gemeinschaft keine Solidarität gelebt?

Die Mönchsgemeinschaft glich eher einer Ansammlung von Individuen, die nebeneinander herlebten und ihre Umgebung kaum wahrzunehmen schienen. Das war der dritte Punkt, der mich am meisten von allen störte. Die einzelnen Mitglieder schauten während der Vesper allesamt auf den Boden. Wenn sie sangen, versanken sie in ihren dicken Chorbüchern. Als ob sie die Gesänge, die sie Woche für Woche anstimmten, nicht schon längst auswendig kannten. Manchmal ließen einige den Blick eher teilnahmslos aus dem gegenüberliegenden Kirchenfenster in die Ferne schweifen. Irgendwie hatte ich das Gefühl, dass sie die Welt da draußen überhaupt nicht wahrnahmen. Die Fenster waren dafür nicht tief genug; sie erlaubten nur einen Blick in den an diesem Tag völlig wolkenlosen Himmel. Die Mönche sangen quasi zwangsläufig ins Blaue hinein. Wussten diese Männer überhaupt, was da draußen los war? Was außerhalb ihrer winzigen Umgebung hier in der Abtei irgendwo im Niemandsland passierte? Dass vielen Menschen die Sonnenseite des Lebens verborgen blieb?

Naivität

Dieses Kloster, in dem ich die nächsten Tage verbringen sollte, machte mich wütend. Meine Aufregung wurde hier nicht beruhigt, im Gegenteil. Wie ungerecht war dieses Miteinander, wie ignorant konnte ein Einzelner sein. Ja, das Kloster war der lebende Beweis, dass Wut die einzig richtige Lebenshaltung war! Vielleicht projizierte ich tatsächlich meine Unzufriedenheit mit der Welt auf diesen Ort. Er wirkte auf mich wie ein Gefängnis. Die Insassen waren freiwillig hier, und das konnte ich beim besten Willen nicht verstehen. Hatten sich diese Menschen vor grauer Vorzeit aus einer jugendlichen Naivität hier einschließen lassen? Meine Wut war lebendig, ihre war tot, sie waren weder Rebellen noch Weltverbesserer, höchstens Steine des Anstoßes. Dabei sahen einige der Brüder durchaus sympathisch aus. Ich hätte gern mit ihnen gesprochen, sie näher kennengelernt. Aber die rigide Form des Klosterlebens machte das nahezu unmöglich. Es waren Gefangene ihrer eigenen Tradition. Ich fragte mich, ob sie nicht auch gerne mit uns Studenten ein Schwätzchen gehalten hätten? Der Rahmen dieses kalten, klobigen Abteibaus lud jedoch auch nicht zur persönlichen Begegnung ein.

Wie rücksichtslos und egoistisch war es, sich nicht stützend jenem alten Mönch zuzuwenden, der trotz seiner Gebrechlichkeit sein Bestes tat, an der Vesper teilzunehmen. Sah denn keiner von seinen Mitbrüdern seine Not? Ich hätte ihm am liebsten selber geholfen. Stattdessen sah es so aus, als würden sich die anderen noch darüber ärgern, wie langsam er lief. Wie konnte man nur so miteinander umgehen! Ich hatte es mir selber zum Prinzip gemacht, mich der Hektik in den Weg zu stellen, wenn Menschen mit Handicaps belächelt oder gedrängt wurden. Ich wusste aus meinem Zivildienst, den ich mit Menschen mit Behinderung absolviert hatte, wie unglaublich diskriminierend und verletzend schon die kleinste Geste sein konnte.

Nur naiv die Augen zu verschließen, wie es hier geschah, das hatte nichts mit Religion zu tun, wie sie zu unserem studentischen Engagement, unserer Energie passte. Zu dieser Zeit lief oft ein Lied im Radio: »How can we sleep, while our beds are burning?« An vielen langen Abenden, an denen wir in Studentenkneipen das Schicksal der Welt erörtert und Pläne geschmiedet hatten, wie wir sie würden verbessern können, hatten wir es rauf und runter gehört. Ich bedauerte, dass der Sänger der australischen Gruppe Midnight Oil, die den Song komponiert hatte, hier im Kloster wohl nicht gehört wurde. Hier war man schon zu Bett gegangen, als die Welt in Brand stand, schon vor Jahrhunderten. Und seitdem hatte sich, so dachte ich damals, rein gar nichts mehr an dieser Tradition geändert. Mönche waren schlicht im Bett geblieben, während es rundherum lichterloh brannte. Das schläfrige Gefühl, das mich bei den nicht enden wollenden

Wechselgesängen in der ersten Klostervesper meines Lebens überkam, drohte mich in diese Scheinwelt zu entführen.

Aber das durfte ich nicht zulassen. Mein mulmiges Gefühl kochte immer wieder hoch. Ich wollte nicht in den Himmel schauen, nicht durchs gegenüberliegende Kirchenfenster und auch nicht vor die eigenen Füße! Ich wollte der Realität dieser Welt ins Auge sehen. Naive Blindheit war das Schlimmste, was wir uns als Studenten vorstellen konnten. Wir wollten uns dem Unrecht in der Welt widersetzen, nicht in einen meditativen Schlaf fallen. Ich war fest davon überzeugt, dass man als Mensch die Pflicht hatte, die Welt zu verändern. Man musste sie besser machen! Das war unmöglich, wenn man sich von einer rigiden Klosterdisziplin einlullen ließ.

Pflicht

Ich ahnte bei jenem ersten Klosterbesuch noch nicht, welche Zweifel der Aufenthalt bei mir auslösen würde. Ich wusste nicht, wie viele Veränderungen, Undeutlichkeiten, Panikattacken, aber auch läuternde Momente noch folgen würden. Ich war so versteift in meiner Wut auf das Kloster, auf die Gemeinschaft und die einzelnen Mönche, dass ich nicht in der Lage war, über meine Nasenspitze hinaus zu schauen. Ich hatte dieses bestimmte und bestimmende Gefühl, dass ich der Einzige war, der hier wusste, was jeder Mensch zu tun hatte, um die Welt zu retten. Dieser Blick sagte mir überdeutlich: »Klosterleben ist das sinnloseste Leben, das es gibt«, wie ich es damals in meinem Tagebuch festhielt. »Mönche entziehen sich wirklich jeder Verantwortung. Sie unterscheiden sich kaum von der Ignoranz breiter Gesellschaftsschichten. Die Selbstgerechtigkeit, den Konformismus, Egoismus und die Ignoranz kann ich nicht akzeptieren!«

Hatte ich wirklich etwas anderes erwartet? Vielleicht. Denn bei aller Unkenntnis haftete dem Klosterleben doch auch etwas Ungewohntes, ja Unwirkliches an. Vielleicht kam daher das Muffensausen bei unserer Ankunft. Vielleicht hatte ich mich zu sehr von Klischees leiten lassen, aber ich hatte auch in meinem Studium aufgeschnappt, dass die »Verbürgerlichung« seit den Anfängen des Mönchtums eines seiner Schreckbilder gewesen war. Es gab wohl kaum eine auffälligere Art, sein Leben einzurichten.

Die frühen Asketen entflohen den bürgerlichen Zwängen durch den Kampf in der Wüste. Ich konnte mir nicht vorstellen, dass es so etwas wirklich gab. Insgeheim fragte ich mich: Lebten diese Männer wie wir? Wie sah ihr praktisches Leben aus, ihre Schlafumgebung, ihre Körperhygiene? All das entzog sich meiner Vorstellungskraft. Die Mönche in der Abtei, wo wir zu Gast waren, lebten vielleicht nicht ganz so asketisch. Aber unwirklich waren sie trotzdem.

Darum sprach ich jene, denen ich im Kloster begegnete, auch nicht an. Ich hatte das Gefühl, dass man das eben nicht macht. Andersheit so konsequent zu wagen, das konnte es eigentlich nicht geben. Das war verrückt! Hätte mir damals jemand gesagt, dass ich selber einmal Mönch sein würde, ich hätte ihn für verrückt erklärt. Die Andersheit des Klosters widersprach so ungefähr allem, was mir in meinen Studentenjahren heilig war. Gerade wegen der respekteinflößenden Distanz blieb ich bei meinem ersten Besuch mehr als kritisch. Diese Mönche machten in meiner Wahrnehmung nichts aus dem Potenzial ihrer Lebensform. Weder was ihre jeweilige Ausstrahlung noch was ihr Zusammenleben oder gar den Bezug zur Weltpolitik anging. Sie kamen ihrer Pflicht nicht nach, sie stahlen sich einfach aus der Affäre.

Ich finde immer noch, dass man dem eigenen Leben, seinen Mitmenschen und der Weltpolitik nach bestem Wissen und Gewissen verantwortungsvoll entgegenzutreten hat. Aber wer kann von sich behaupten, darin je einen konkreten Erfolg erzielt zu haben? Was ist ein Erfolg, wenn es ums Weltverbessern geht? Wer setzt die Maßstäbe? Meine Ablehnung kam vielleicht auch durch mein Unvermögen, mit meinem eigenen Engagement, meiner Weltverbesserer-Attitüde ins Reine zu kommen. Ich weiß noch, wie wir als Erstsemester Flyer verteilten. Sie luden zu einer Mahnwache gegen die Entscheidung des Stadtrates, Bäume im Stadtzentrum abzuholzen, ein. Es kamen ganze fünf Leute, und wir hielten unser Projekt für gescheitert. Ein Resultat der Aktion war jedoch, dass zwei meiner Kommilitonen sich Greenpeace angeschlossen haben. Sie engagieren sich auch heute noch für den Umweltschutz und haben gelernt, dies aus ihrem theologischen Wissen heraus zu begründen. Sie wurden zu echten Schöpfungstheologen, ihr ganzes Leben hat sich geändert. Auch ohne messbaren Erfolg machten sie weiter.

Ein Misserfolg? Mitnichten, nur hat sich der Erfolg nicht in einem direkten Effekt geäußert. Wenn etwas tatsächlich eine heilige Pflicht ist, dann lässt der Sinn der Sache sich nie an ihrer Zweckmäßigkeit bemessen. Nicht der Erfolg ist entscheidend, sondern der gemachte Anfang birgt die Erfüllung schon in sich. Das bedeutet nicht einfach, dass es einen Trostpreis für den Zweiten gibt. Es ist keine billige »Dabeisein ist alles«-Ausrede oder eine trotzige »Jetzt erst recht«-Reaktion. Vielmehr sind hier all jene Handlungen gemeint, die Menschen ohne Wenn und Aber verrichten. Ohne großes Aufsehen. Aktionen, deren Beginn und Ende man eben nicht selber in der Hand hat. Bei meinen Kommilitonen hätte man nicht fragen müssen, wie sie ihr Leben nach ihrer Wut auf die Umweltzerstörungen konkret ausgerichtet haben. Wichtig war, dass sie ihr Engagement für die Natur nicht mehr dem Erfolgsdruck von außen unterordneten.

Positive Vorzeichen

Solche Handlungsfelder, deren Sinn auf einer Art heiligem Grundsatz basiert, sind in der heutigen Gesellschaft selten geworden. Was würden wir überhaupt tun, wenn wir schon vorher davon ausgehen, keinen nennenswerten Erfolg zu haben? Wenig, so müssen wir uns wohl eingestehen. Entzogen sich die Mönche nicht genau diesem Erfolgsdruck, der mich selber als jungen Studenten antrieb? Im Vorfeld des Klosterbesuchs hatte ich mir klare Ziele gesetzt, an denen ich würde abmessen können, ob ich etwas davon gelernt hatte und ob es mir etwas bringen würde für mein ach so wichtiges Engagement als junger Theologe. Ich konnte nur enttäuscht werden. Daher konnte ich es nicht ertragen, dass das Engagement der Brüder hier schlicht anders und vor allem viel umfassender und weniger zielgerichtet war.

Eines war mir damals viel weniger klar, als ich mir selber eingestand: *wie* man die Welt verändert. *Wie* man seine Wut über Scheitern, Leiden und Ungerechtigkeit fruchtbar machen kann, ohne in blinden Aktionismus zu verfallen. Ich tat, was ich konnte. Die Probleme der Welt raubten mir zuweilen den Schlaf. Wie gingen die Mönche im Kloster mit ihrer Sehnsucht nach einer besseren Welt um? Diese Frage hatte ich beantwortet, bevor ich sie überhaupt stellte. Ihre Sehnsucht war erkaltet, sie hatten sie in einer Wolke aus Weihrauch erstickt. Die vielen ganz in der Nähe immer wieder ausbrechenden Kriege, die Schändung des Völkerrechts, all das ließ sie kalt. Wirklich? Oder war das Kloster sogar der Ort, an dem man am intensivsten in Beziehung zu allem stand, was in der Welt geschah? Sah es vielleicht nur auf den ersten Blick so aus, als wären die Brüder unnahbar? War es nur äußerer Schein, dass sie sich nicht füreinander und für die schwächeren Mitglieder ihrer Gemeinschaft und auch nicht für Politik interessierten? Hatten sie ihre Sehnsucht vielleicht so verinnerlicht, dass sie Teil ihrer Suche nach Sinn und Identität geworden war? Nach Gott?

Im Laufe der Zeit wurde ich immer unsicherer, wenn es darum ging, herauszufinden, worin meine eigene heilige Pflicht bestand. Ich beschloss, meinem Leben eine geistlichere Richtung zu geben, um von meinem eigenen Anspruch nicht erdrückt zu werden. Vielleicht war dafür Wut nötig. Aber dann mit *positiven* Vorzeichen. Dazu musste ich ihr einen Rahmen geben, eine Bestimmung. Wenn ich weiterhin mein Bauchgefühl nur auf die Mönche projizieren würde, die nicht das taten, was ich bis dahin als sinnvoll erachtet hatte, sagte das im Endeffekt mehr über mich aus als über sie. Ich wollte meine vorgefertigten Muster loslassen, ohne dabei meine Empörung zu verlieren. Gelungen ist mir das lange Zeit nicht. Ich habe mich schwarzgeärgert. Aber manchmal müssen sich die Wogen im Leben erst ein wenig glätten, bevor man erkennt, wohin einen die Strömung treibt.

Heiligkeit

Eines aber war mir von Anfang an klar: die Lebensform der Mönche ist etwas Heiliges. Gottesmänner beherrschen die Kunst, ihre Lebensform ganz auszufüllen. Man könnte sie mit dem Soziologen Max Weber als »religiöse Virtuosen« bezeichnen.[2] Damit ist nicht das Tempo ihrer Bewegungen, der Abläufe in ihrem Alltag oder ihres Gottesdienstes gemeint. Wohl aber, dass sie sich ganz einem Stil verschrieben haben. Der religiöse Virtuose heiligt, was er tut. Nur was genau im Kloster geheiligt wurde, wusste ich anfangs nicht. Ich habe erst nach und nach erkannt, dass einfach *alles* hier der Heiligung unterlag. In einer Abtei gibt es keinen Lebensbereich, der nicht unter heiligen Vorzeichen steht. Die Stille hat mich immer besonders berührt. Ich wunderte mich: Warum schweigen die Mönche? Haben sie sich denn nichts zu sagen? Das war mein erster Gedanke. Erst im Laufe der Zeit verstand ich: Die Tatsache, dass im ganzen Haus auf Stille geachtet wird, erhöht die Aufmerksamkeit, ob man nun geht oder steht. Diese aufmerksame Stille heiligt die Gemeinschaft, so dass sie offen wird für das, worum es wirklich geht.

Das Wort Heiligkeit klingt sehr abstrakt. Was genau ist damit gemeint? Ich kann es nur mit dem Wort »Gott« ausdrücken. Hier mag nun der Moment anbrechen, wo mancher anarchistische Aktivist meinen Erfahrungen beim Kloster-besuch nicht mehr folgen kann. »Gott« gehört in die Kirche, hat aber nichts mit der Welt von heute zu tun, die wir verbes-sern wollen. Vielleicht aber doch. Denn nur, wenn wir unser Engagement als Ausdruck eines ultimativen Verlangens, als Heimweh nach einer besseren Welt verstehen, wird unsere Wut geheiligt. Sonst verläuft sie sich in destruktiven Emotio-nen. Das bedeutet nicht, dass wir uns damit vertrösten soll-ten, dass »Gott schon alles richten wird«. Solche Ausreden sind viel zu billig, als dass man sein ganzes Leben danach ausrichten könnte. Nein, vielmehr kommt man zu einer hei-ligen Lebenshaltung. Aber wie macht man das?

Der heilige Benedikt von Nursia, der im sechsten Jahr-hundert seine berühmte *Regel für Mönche* in seinem Kloster schrieb, sagt, dass es nur auf *eines* ankommt, wenn jemand ins Kloster eintritt: dass er »Gott sucht« (RB 58,7).[3] Sollte das eine Möglichkeit sein, engagiert zu leben? Ich war bei mei-nem ersten Besuch längst noch nicht so weit, das zu erken-nen. Gott zu suchen heißt, sich voll und ganz der Welt zu-zuwenden. Aber nicht irgendwo, sondern hier und jetzt, im fokussierten Raum des Klosters. Ich habe lange Zeit dafür gebaucht zu verstehen, dass die Mönche, die ich da in der ers-ten Vesper sah, alles andere als weltfremde Träumer waren.

Es ist mir, um ehrlich zu sein, während jenes ersten Be-suchs kein bisschen gelungen. Ich bin mit demselben ungu-ten Gefühl im Bauch wieder nach Hause gefahren. Dieses Gefühl war profan, es richtete sich gegen alles, was ich er-lebt, aber nicht wirklich wahrgenommen hatte. Ich war mir sicher, nie wieder in ein solches Kloster zu fahren. Es wider-strebte meiner kritischen Studentenehre, mich mit Menschen zu identifizieren, die nicht bereit waren, die Konsequenzen aus ihren Empfindungen zu ziehen. So faszinierend die Klos-terwelt auch für viele sein mochte, für mich war sie ein trü-gerischer Schein. Ich wollte mich nicht in den Chor der ange-passten Ruheapostel scharen, die im Gottesdienst so tun, als sei die Welt ein friedlicher Ort. Je weiter ich mich als Theologiestudent entwickelte, umso mehr hatte ich das Gefühl, dass man in Bewegung kommen muss, um die Welt zu verändern. Und schon waren meine Emotionen wieder mit mir durchgegangen.

Heute weiß ich, dass hinter diesen Empfindungen mein eigener Kampf mit dem uralten Dilemma zwischen einem *aktiven* und einem *kontemplativen* Leben steckte. Ich konnte mir unter dem Wort »Kontemplation« nichts vorstellen. Wenn man Unrecht sieht und einen dadurch die Wut packt, muss man zur Tat schreiten. Es hilft gar nichts, so dachte ich damals, sich der spirituellen Suche nach dem Höheren zu widmen, zu meditieren oder gar zu beten. Der Umkehrschluss galt genauso: wenn man nicht in Aktion kommt, ist man blind für das Unrecht. Diese Logik schien mir keine Missverständnisse zuzulassen. Die Geschichte des geistlichen Lebens aber lehrt uns, dass das Verhältnis zwischen der Suche nach dem Höheren und dem Engagement für die Kleinen komplizierter ist, als ich glaubte. Es galt, nach einem Gleichgewicht zwischen Kontemplation und Aktion zu suchen, auch wenn ich das damals noch nicht so benennen konnte. Der amerikanische Trappistenmönch Thomas Merton, eines meiner großen geistlichen Vorbilder, hat mir schon früh den Weg gewiesen: »Aktion ist Liebe, die sich nach außen wendet, an andere Menschen. Kontemplation ist Liebe, die sich nach innen zieht, zu ihrem göttlichen Ursprung. Aktion ist der Strom, Kontemplation die Quelle.«[4]

Die Tatsache, dass ich im Kloster so heftig reagierte, hat etwas mit der Musikalität zu tun, von der im Zusammenhang mit religiöser Empfindung häufig gesprochen wird. Nur wenige musikalische Menschen, aber kein unmusikalischer wird ein Virtuose. Ich habe im Laufe der Zeit gelernt, dass es viele engagierte Weltverbesserer gibt, die zugleich religiös musikalisch und dadurch große Beter sind. Es hat Jahre gedauert, bis ich gespürt habe, dass ihr Gebet kein Ablenkungsmanöver, keine Zeitverschwendung und keine Beruhigungstechnik war, sondern Teil ihres Engagements. Es gab Leute, die sehr praktisch veranlagt waren, wenn sie mit ihrer heiligen Wut irgendwohin mussten. Andere waren eher beschaulich und gaben ihrer Wut im Gebet Raum. Aber sie alle hatten nur ein Ziel, sie wollten die Welt besser machen, »damit Gott in allem verherrlicht werde« (RB 57,9), wie Benedikt es von uns verlangt. Das ist die Musik des Lebens. Kein Trost, sondern Antrieb, keine Ignoranz, sondern vertieftes Bewusstsein, keine Verantwortungslosigkeit, sondern Selbstaufgabe als Zeichen der Verantwortung. Ich sehe mich heute wie ein Klavierschüler, der durchaus Gefühl für Musik hat, sich aber zu oft vor den Fingerübungen drückt. Früher oder später muss er sich auch diesen stellen, sonst wird sich seine Musikalität nie ganz entfalten. Er muss einen angemessenen Rahmen für seine eigene Musik finden, denn man kann auch in kleine, leichtere Stücke eine große Portion Musikalität legen. Ein Virtuose bin ich nie geworden.

Unruhe

Noch immer beschleicht mich während der Vesper in derselben Abtei, in der ich inzwischen seit einigen Jahren als Mönch lebe, eine gewisse Unruhe. Manchmal ist sie latent, manchmal heftig. Was mache ich hier in Gottes Namen, wenn ich es nun selber bin, der aus dem viel zu hohen Kirchenfenster oder auf den Boden schaut wie seinerzeit »die Mönche«? Ich bin immer noch auf der Suche, aber eines ist klar: das mulmige Gefühl habe ich nicht verloren, bis jetzt zum Glück noch nicht. Ich bin politisch viel wacher als während meiner Studentenzeit. Die Unruhe stört mich auch nicht, im Gegenteil. Sie erinnert mich daran, dass ich in meiner Lebensform meine Wut stets aufs Neue heiligen muss, dass ich ihr einen Raum geben muss, der nicht von äußeren Maßstäben abhängig ist. Dieser Raum ist für mich das Kloster geworden. Ein Ort der Suche nach Ruhe und Frieden, voller heilsamer Unruhe.

Aus vielen Gesprächen mit Freunden, Gästen und Kollegen habe ich gelernt, dass genau diese Suche keineswegs nur im Kloster stattfindet. Jeder Mensch, der verantwortlich leben will, steht vor derselben Herausforderung. Das Kloster ist lediglich *ein* möglicher Rahmen, in dem engagierte Menschen konsequent zu leben versuchen. Einigen durfte ich begegnen. Die letzte Vesper, bei der ich unruhig wurde, war zu Christi Himmelfahrt. Als Schriftlesung hörten wir aus der Apostelgeschichte: »Ihr Männer von Galiläa, was steht ihr da und schaut zum Himmel empor?« (Apg 1,11). Taten wir nicht genau das? Schauten wir nicht zum Himmel und vergaßen die Welt, hier in der Idylle unserer Abtei? Sehr schnell fühlte ich wieder die Wut in mir aufsteigen. Aber während der Meditation wurde mir klar: wir brauchen nicht zum Himmel zu starren, um die Heiligkeit unserer Welt zu sehen. Wir können sie überall finden, selbst in unserer Magengrube, in der sich ein Gefühl breitmacht. Kloster und Wut können zusammengehen! Denn ein Kloster ist ein Ort des Friedens. »Pax« steht über dem Eingang vieler Benediktinerabteien. Das ist kein Zufall, denn der Friede ist das Resultat *geheiligter* Wut.

Wie erfahre ich selber heute die Vesper, über die ich mich als junger Student echauffierte? Ich lerne langsam aber sicher, dass die Ruhe, die einen in der Liturgie überkommt, keine Scheinwirklichkeit und kein Selbstbetrug ist. Im Gegenteil. Es gibt viele Emotionen, die ich mit in den Gottesdienst nehmen kann, einschließlich der mulmigen. Nur schreie ich sie nicht heraus. Ich fresse sie auch nicht in mich hinein, sondern durch das langsame Tempo des Mönchsgesangs, in den ich einstimme, verwandeln sich meine Emotionen. Wenn ich zum Beispiel sauer auf einen Kollegen an der Uni bin oder mich darüber ärgere, dass einige meiner Studenten meiner Meinung nach viel zu langsam arbeiten, werde ich das durch die Vesper, die ich um 17.00 Uhr in der Abtei singe, zwar nicht vergessen, aber ich werde weniger urteilend, milder und ruhiger. Verändert sich dadurch die Welt? Nein, aber in jenem kleinen Raum des Klosters öffnet sich eine andere Realität.

Auch wenn ich mich über Mitbrüder ärgere oder ihnen besonders positiv gesonnen bin, kann ich im Gottesdienst meine Unruhe in eine heilsame Ruhe verwandeln lassen. Das mag nicht unbedingt weltbewegend klingen, aber das ist es durchaus. Die Welt bewegt sich um das Kloster herum. Und das Kloster bewegt sich mit ihr. Wenn wir hier und jetzt beieinander sind, dann sind wir mitten in der Welt, denn die Welt sind wir. Diese Erfahrung bestätigt sich in jedem Gottesdienst, der von außen betrachtet beengend wirkt.

Wenn ich aus dem Fenster schaue, dann helfe ich den Menschen in den Elendsvierteln nicht praktisch. Aber ich bin mit ihnen verbunden. Ich leide mit ihnen. Ich sehe sie vor mir mit jedem Wort und jedem Ton. Ich spüre eine Verbundenheit mit der Welt, von der ich weiß, dass mein Ort, sie zu leben, hier und jetzt ist. Andere leben sie direkt mit den Notleidenden, wieder andere mit ihrer Familie, ihren Kollegen. Ich wünsche in diesen Momenten allen, dass sie sich ihre Wut nicht nehmen, dass sie sie aber heiligen lassen.

Viel Zeit ist seit meinem ersten Klosterbesuch vergangen. Bin ich noch ich selbst geblieben? Ich bin Mönch geworden. Eine alte Freundin sagte mir zuletzt, als sie mich zum ersten Mal im Ordensgewand sah: »Du siehst auf einmal viel jünger aus.« Ich freute mich, und musste an ein Lied des Singersongwriters Bob Dylan, eines meiner Idole, auf das ich später noch zu sprechen komme, denken: »I was so much older then, I'm younger than that now.« Wenn ich junge Studenten in der Vesper sitzen sehe, dann verstehe ich nur allzu gut, wenn sie unruhig auf ihrer Bank hin und her rutschen. Und ich hoffe und bete, dass auch sie ihre Wut heiligen lassen. Nicht weil Mönche so tolle Menschen wären, sondern weil ich inzwischen sagen kann, dass dieser Prozess zwar sehr mühsam, aber dennoch diese Mühe wert ist. Man geht jeden Weg zur Heiligung mit einem mulmigen Gefühl im Bauch, unbestimmt, aber sehr real, gerade im Kloster – und man wird auf einmal wieder jünger.

2 Berufung

Bei einer Lesung für eine Gruppe von Theologiestudenten in Belgien wurde mir die Frage gestellt: »Wann haben Sie gewusst, dass Ihre Berufung Mönch ist?« Ich reagierte zögerlich. Leider kann ich nicht mit einem Aha-Erlebnis dienen, das sich zeitlich und räumlich genau festlegen ließe. Was bedeutet Berufung für einen wie mich, der mit dem Klosterleben die ersten Jahrzehnte seines Lebens nur wenig verband? Wie habe ich den Sinn meines Lebens in einer Form zu sehen gewagt, die mir auf den ersten Blick sinnlos erschien? Mein Weg ins Kloster kannte viele Umwege, lange Phasen des scheinbaren Stillstands, dann wieder ungeahnte Stromschnellen. Vielleicht konnte ich darum mit dem Wort »Berufung« lange nichts anfangen. Denn ab wann redet man von seiner Berufung?

Noch heute erschrecke ich mich manchmal, wenn ich über »meine Berufung« nachdenke. Geht es darum, dass man eine innere Stimme gehört hat, die einem genau sagt, was man zu tun und zu lassen hat? Oder gar die Stimme Gottes vernimmt, der direkt in die eigene Biographie eingreift? Quasi als Kursbestimmung oder -korrektur? Es könnten auch Stimmen aus der Umgebung sein, die einen nötigen, weltflüchtig zu werden und sein Heil in der Abgeschiedenheit des Klosters zu suchen. Bei mir war das alles nicht der Fall. Im Gegenteil, meine Wut im Bauch hat immer wieder dafür gesorgt, dass ich all diese Stimmen nicht gehört, sondern verdrängt und erst ganz allmählich zugelassen habe.

Und doch gibt es diese Momente, die im Nachhinein zum Weg ins Kloster beigetragen haben. Nicht dass ich das immer gleich geahnt, gespürt oder gar gewusst hätte. Nein, ich habe in bestimmten Momenten schlicht getan, was mir mehr oder weniger zufällig auf meinem Lebensweg begegnete. Erst im

Nachhinein habe ich dann das Gefühl entwickelt, dass dem »Zufall« eine Kraft, eine Richtung, eine Stimme zugrunde lag, die ganz allmählich eine Art Berufung entstehen ließ. Dabei geht es um sehr unterschiedliche Ereignisse und Begegnungen, die keineswegs alle heroisch oder schön sind. Manchmal sind es gerade die Tiefpunkte und Krisen, in denen ich das Gefühl hatte, dass meine Sinnsuche endgültig gescheitert ist. Dann können sich neue Perspektiven eröffnen.

Zu erkennen, dass es in der eigenen Biographie keine Zufälle gibt, ist eine Art »retrospektive Berufung«. Diese Bezeichnung trifft am ehesten auf mich zu. Da hat auch die Wut nichts dran ändern können, sie wurde eher zu einer Art Katalysator. Ich bin davon überzeugt, dass die Entscheidung zum Klosterleben für mich nicht zufällig gefallen ist. Auch wird mir immer klarer, dass es nicht wirklich meine eigene Entscheidung war. Der Weg meiner Berufung ist mit all seinen Höhen und Tiefen ein Gottesgeschenk, das ich nur ganz vorsichtig wertschätzen kann.

Vertrauen

Aber der Reihe nach. Bin ich einfach den Zufällen gefolgt, manchmal aus Bequemlichkeit, manchmal aus Opportunismus? Beides ist sicher vorgekommen. Aber wichtiger als diese Art von Motiven war für mich schon sehr früh ein Grundvertrauen, dass ich irgendwann ganz anders würde leben können. Anders, als ich es gewohnt war, und vielleicht sogar anders, als ich es mir vorstellen konnte. Man wird ein neuer Mensch – »in Christus«, wie der Apostel Paulus sagt. »Das Alte ist vergangen, Neues ist geworden.« (2 Kor 5,17) Dieses Vertrauen hat mich auch in wenig vertrauenerweckenden Situationen begleitet, in denen ich gewachsen bin. Mönchtum steht für mich darum auch für Erwachsenwerden.

Ich bin mit ungefähr vierzig Jahren eingetreten, und dem ging ein jahrelanger Prozess voraus. Darin bin ich kein Einzelfall. Die meisten Menschen, die sich heute für ein Leben im Kloster entscheiden, tun das in einer späteren Lebensphase, als es noch vor einigen Jahrzehnten üblich war. Es ist eine Art zweites Erwachsenwerden, das sich im geistlichen Sinne vollzieht. Das ist sicher nicht immer leicht, weil man schon viele Eigenheiten entwickelt hat und die Integration in eine Gemeinschaft schwerer ist, so, als wenn ältere Menschen heiraten. Aber es bietet auch viele Vorteile. Ich selber erfahre es als Bereicherung, dass ich schon über eine gewisse Lebenserfahrung verfügte, als ich mit den Herausforderungen einer Klostergemeinschaft konfrontiert wurde. Denn wie die meisten Menschen nehme ich meine eigene Persönlichkeit als vielschichtig und zuweilen auch widersprüchlich wahr. Das habe ich immer so gewollt, ja gesucht. Ich war selten ein Mitläufer, meistens eher einer, der seinen eigenen Weg auch durch die Wand gehen wollte. Darauf zu vertrauen, dass man doch Wege geht, die irgendwann sinnvoll sein können, hat man nicht selber in der Hand. Dazu braucht man Gottvertrauen, denn allzu oft erkennt man den Sinn nicht auf den ersten Blick.

Passt ein solcher Drang nach Neuem zu einer klösterlichen Berufung? Muss man nicht eher der Tradition verhaftet sein, wenn man sich entscheidet, sich in eine Lebensform einzugliedern, die Jahrhunderte alt ist? Für mich ist das heute kein Widerspruch mehr. Gerade das Verlangen nach Andersheit und die uralte Form können sich allmählich ergänzen. Nicht mit einem Paukenschlag, als ob das Mönchsleben die Antwort auf eine Frage wäre, die ich konkret gestellt hätte. Eher als ein ganz langsames Einschleifen der strengen klösterlichen Formen in meine zuweilen ungestüme Neigung zum Anderssein. Ich habe zum Beispiel als Unidozent immer bewusst farbige Kleidung gewählt. Bei offiziellen akademischen Anlässen trug ich ein orangefarbenes Hemd. Wollte ich auffallen? Ja, nicht um mich selber hervorzuheben, sondern um der Gefahr zu entgehen, im Einheitsbrei zu versinken. Auf den ersten Blick ist das vielleicht das genaue Gegenteil zu jenem schwarzen Benediktinergewand, das ich heute trage. Aber die Andersheit hängt immer vom Kontext ab. Man muss sie wagen. Dazu braucht es Vertrauen, ein Gottesbild, so vage es manchmal auch sein mag. Gottes Existenz hat sich in meinem Leben immer dann gezeigt, wenn es nötig war, wenn ich mich selber suchte, gerade im Anderssein. Wie ein Grundsatz, auf den man sich verlassen kann. Der amerikanische Anthropologe Roy Rappaport nennt so etwas eine »ultimative heilige Grundannahme«.[5] Ein Fundament, das nicht immer benannt wird, das man auch nicht wirklich zur Sprache bringen muss. Es liegt unbewusst, unvermutet und unumstößlich allem zugrunde.

Verlangen

Ein solches Vertrauen kann nie zur Selbstgenügsamkeit werden. Es führt eher zu einem Verlangen nach etwas ganz anderem, das mehr beinhaltet als bloße Abwechslung. Wer an die Tür eines Klosters klopft, den nennt man »Postulant«. Das ›Verlangen‹ (lateinisch: *postulare*) treibt ihn oder sie an. Wenn ich mein eigenes Verlangen zu rekonstruieren versuche, dann muss ich früh in meiner Kindheit anfangen. Ich habe schon damals eine Sehnsucht gespürt, die kaum näher zu definieren ist. Es war eine Art innerer Antrieb, der nie ganz ausgelebt werden konnte. Damit begann vielleicht das, was ich schließlich im Kloster gesucht habe, aber anfangs nicht finden konnte. Ich begann nach etwas zu suchen, von dem ich noch gar nicht so genau wusste, was es war. So erzählt meine Mutter heute zuweilen, dass ich schon als Kind »ein echter Querkopf war«. Mit einem Augenzwinkern meint sie damit, dass ich nicht einfach akzeptierte, dass man etwas »nun mal so macht«. Ein Lehrer sagte uns einmal: »Wenn ihr nicht einverstanden seid, ist das viel wert. Ihr müsst nicht direkt alles lösen können.« Das hat mich ermutigt und mich zum Rebellen gemacht.

Früher war das in Berufungsgeschichten anders. Sie verliefen eindeutiger. Man wusste, nach was man verlangte: ein religiöses Amt oder eben eine klösterliche Lebensform wie das Mönchtum. Heute hat sich das geändert. Gespräche über mögliche Berufungen drehen sich längst nicht immer um die Frage, ob jemand, der mit einem brennenden, aber nicht klar definierten Verlangen bei einem Kloster anfragt, wirklich schon ein neuer Kandidat ist. Man versucht sicher nicht, jemanden »über die Schwelle zu zerren«. Das Verlangen zuzulassen, zu erkunden und in Lebensexperimenten genau zu verorten, ist eine Aufgabe für jedermann, egal ob man nun Mönch wird oder nicht. Ich habe das selber erst spät ausdrücklich auf die klösterliche Lebensform bezogen. Das Rebellische wurde zur Grundlage eines Lebens im Gehorsam, so merkwürdig sich das auch anhören mag.

Fremdheit

Wenn ich versuche, den Ursprung meines Vertrauens und meines Verlangens aufzuspüren, dann fällt mir vor allem eines auf: ich wusste vor allem schon früh, was ich *nicht* wollte, und das hatte eine Menge mit dem Leben zu tun, das ich in meiner Kindheit kennengelernt hatte. Ich bin in einem kleinen Dorf am Niederrhein aufgewachsen. Das Leben dort ist für viele Menschen attraktiv. Es bietet Geborgenheit, ist übersichtlich und gemütlich. Für mich war es das nie. Ich habe immer versucht, meinen Platz in jenem Sozialgefüge zu finden, das durch den Schützen- und Sportverein und – nicht zu vergessen – von der Pfarrgemeinde bestimmt wird. Auch wenn ich durchaus daran teilnahm, habe ich mich nie zuhause gefühlt. Ich bin nicht besonders sportlich. Mitglied der Schülermannschaft im Fußball wurde ich nur, weil mein Vater Platzwart war. Nach drei Jahren sagte meine Mutter: »Ich melde den Jungen wieder ab.« Das war gut so, denn dort wurde mir etwas aufgezwungen, was ich nicht wollte. Die

Selbstverständlichkeit, dass Jungs nun mal zum Sport gehen, entsprach nicht meiner Natur. Als ich schließlich im Verein abgemeldet war, war ich auch bei den Gleichaltrigen abgemeldet. Ich war ein Fremder in einer Oase der Vertrautheit – für andere. Zugleich entdeckte ich meine Liebe zur Musik, aber sie entsprach so gar nicht den gängigen Vorstellungen. Ein Engagement im hiesigen Tambourcorps blieb mir erspart.

Kirchlich habe ich mich immer als katholisch gesehen und auch so gefühlt. Ich bin es stets aus Überzeugung geblieben. Die Frage, was man war, stellte sich anfangs aber auch nicht, man *war* es eben. In der Pfarrei fühlte ich mich besser als im Fußballverein. Messdiener zu werden, entsprach schon eher meiner Neigung. Religion hatte mich schon seit der Erstkommunionvorbereitung interessiert. Aber was für Möglichkeiten der religiösen Inspiration, des Experiments gab es schon, wenn alles wie von selber ging? Ich wurde Messdiener, ja, aber wirklich dafür entschieden habe ich mich wieder nicht. Und genau das machte mich zum Störenfried, zum Außenseiter. Merkwürdig, wie man seinen Weg einerseits zu finden scheint, sich entwickelt und vordergründig Impulse setzt, andererseits aber auch oft unzufrieden ist. Ich habe vieles gemacht in der Dorfkirche: Musik, die so gar nicht den Erwartungen entsprach, und ich habe kurze »Predigten« in Jugendgottesdiensten gehalten. Aber die Unzufriedenheit und die Neigung, gegen den Strom zu schwimmen, blieben. In der dörflichen Umgebung war das sehr schwer. »Man konnte kein Rebell sein«, hat Bob Dylan einmal in einer Dokumentation gesagt. »Es war einfach zu kalt.« Genauso ging es mir. Der selbstverständliche Strom des dörflichen Lebens ließ keinen Raum für kreativen Widerstand. Ich fühlte mich oft frustriert, wenig herausgefordert oder angeregt.

Beinahe hätte die ländliche Enge meine religiöse Suche abflauen lassen und mein Vertrauen und Verlangen erstickt.
Das Vorbestimmte des dörflichen Lebens, zu dem man vor
allem keine Fragen stellen sollte, hat mich in meiner Pubertät machtlos gemacht. Ich muss hinzufügen, dass ich später
durchaus Sympathie für jenes Leben entwickelte. Meine frühen Erfahrungen sagen weniger etwas über dieses Lebens-
modell und die Menschen aus, die ich später in unterschiedlichen Dörfern kennengelernt habe, als über mich selber. Denn
sie zeigen die fehlende Möglichkeit in meiner Kindheit, anders zu sein. Ich passte beim besten Willen nicht in das Weltbild unserer Nachbarn. Ich erinnere mich noch, dass ich als
neunjähriger Junge ausgelacht wurde, weil ich angeblich
»wie ein Professor redete«. Das war als Schimpfwort gemeint.
Es hat mich tief getroffen, mich aber auch in meinen Bemü-
hungen bestärkt, aus dieser mich einengenden Lebensform
auszubrechen.

Ich fing an zu suchen, nur finden konnte ich lange nichts.
Auch das hatte persönliche Gründe. Als ich neunzehn war,
starb mein Vater – viel zu früh. Ich bin dadurch eng mit meiner Mutter verbunden geblieben. Das hat mir stets unendlich viel bedeutet, bis auf den heutigen Tag. Das Erbe meines
Vaters, der stets ein Vorbild für mich war, bedeutete, gemeinsam mit meiner Mutter zu versuchen, seinem Stolz auf uns
gerecht zu werden. Aber das schränkte auch meine Beweglichkeit ein. Ich bin im Dorf geblieben, ohne mich wirklich
dafür zu entscheiden. Ich tat, was sich anbot, was nahelag
oder was mir nötig erschien, und so blieb ich in der Enge meines Lebens haften. Wohl habe ich mir immer Ventile gesucht:
Mein Hang zum Extremen rührt aus dieser Zeit. Ich war immer der Schlimmste, wenn es ums Feiern ging, und habe das
bis mindestens dreißig konsequent durchgehalten. Wenn ich
mich heute an diese Zeit erinnere, so bereue ich keines der
damaligen Abenteuer.

Neben unserer eigenwilligen »Feierkultur« haben mich auch Subkulturen immer angezogen, und zwar die Randbereiche dessen, was noch korrekt war. Ich ging auf Konzerte von Gruppen, bei denen den meisten Leuten angst und bange werden würde. Dass dabei sicher oft nicht nur die Grenze des guten Geschmacks überschritten wurde, sondern auch Prinzipien des Anstands auf dem Spiel standen, störte mich wenig. Ob Punk, Gothic oder Metal, es konnte mir nicht außergewöhnlich und laut genug sein. Ich begab mich dann auch immer mit Haut und Haaren in die jeweilige Richtung: kaufte alle CDs und vertiefte mich in die jeweilige »Ideologie«. Wenn ich heute Studenten davon erzähle, können sie sich nicht vorstellen, dass ich jemals extremer war als sie es heute sind. Inzwischen weiß ich, dass diese Ventile nichts anderes waren als Zeichen am Wegrand meiner Suche nach einer Lebensform, die meiner eigenen Andersheit gerecht wurde. Sie waren nötig und haben mich geprägt, nur das Ziel meiner Suche konnten sie nicht werden. Gleiches galt auch für Politik: ich gab mich in meinen Auffassungen und meinem Engagement selten mit Kompromissen zufrieden. Ich suchte den ausgeprägten Standpunkt, und es gab kaum eine Form von Aktivismus, mit der ich mich nicht beschäftigte. Nichts davon finde ich heute sinnlos. Aber ich habe irgendwann mehr und mehr eingesehen, dass man Extreme nur leben kann, wenn man ihnen einen Ort gibt, an dem sie sich aushalten lassen.

Zurück zum Kloster: was konnte also die Andersheit des dortigen Lebens für mich bedeuten? Wie beschrieben, machte sie mich im ersten Moment wütend. Sie forderte meinen Hang zum Extremen heraus: das hier war ich doch nicht?! Die Ablehnung kam durch unzählige kleine Gesten. Diese hatten vor allem mit der Uniformität zu tun, die das klösterliche Leben prägt. Bis heute ist es zuweilen ein Spagat für mich: das Verlangen nach Andersheit unterstreicht die Individualität, aber zugleich wird man Teil eines Ganzen. Eine Mönchsgemeinschaft ist zum Beispiel in der Klosterkirche nur »am Stück« wahrzunehmen. Das kommt durch die vielen kleinen Gesten, die für Außenstehende schon fast zwanghaft »gleichgepolt« zu sein scheinen. Der Einzelne verschwindet hinter dem größeren Ganzen. Das ist genau der Sinn der Sache. Aber war das nicht genau das, was ich vermeiden wollte? Suchte ich nicht die Flucht aus der pflichtgemäßen Anpassung? War es nicht mein Wunsch, extrovertiert zum Ausdruck bringen zu können, was mich im Innersten bewegt? Das Kloster würde mich vom Regen in die Traufe bringen, so dachte ich. Als ich im Laufe der Zeit Mönche kennenlernte und am eigenen Leib erfuhr, dass sie Menschen waren, keine Epigonen einer vorgegebenen Form, habe ich das Paradox ganz langsam verstanden: man kann der Enge nur entfliehen, wenn man sich ihr aus freien Stücken hingibt.

Das heißt, dass die klösterliche Berufung nicht darin besteht, in einen Einheitsbrei zu flüchten, um den Extremen aus dem Weg zu gehen. Im Gegenteil, man fügt sich in die Einheit einer Gemeinschaft, um von da aus frei zu sein für das eigentliche Verlangen, jenes nach Gott. Nur dazu dienen das Ordensgewand und die vielen klösterlichen Formen. Sie helfen dabei, in der Enge die Weite zu finden, in der menschlichen, allzu menschlichen Suche Gott, wer immer er für den Einzelnen auch sein mag. Das Verlangen würde abflauen, wenn man machen könnte, was man wollte. Aber ohne das radikale Verlangen nach Gott würde das Kloster in der Tat schnell zu einem Gefängnis und das Ordenskleid zu einer Zwangsjacke.

Dieser Eindruck ist übrigens bei manchen bis heute geblieben. Viele Freunde wundern sich: »Du warst immer das genaue Gegenteil von dem, was ich mir unter einem Mönch vorstelle.« Das mag sein, aber was bedeutet es, Teil des Klosters zu sein? Muss das Ordensgewand zum Ausdruck bringen, was man sowieso in seiner bisherigen Lebenshaltung schon war? Das ist durchaus möglich. Ich kenne viele Mönche, die von Natur aus nach innen gekehrt sind und sich dadurch hervorragend ins Klosterleben einfügen. Aber es gibt auch jene, die in ihrer Suche eher zum Impulsiven, zum Extremen, neigen. Dann kann das Kloster eine Herausforderung sein, sich eine Enge aufzuerlegen, die die eigene Energie kanalisiert und erst wirklich fruchtbar macht. Es setzt einen Kontrapunkt.

Bereitschaft

Alle konkreten Erfahrungen, die ich im Nachhinein mit meiner Berufung verbinde, habe ich mir eigentlich nicht ausgesucht. Auch das Ordensgewand war für mich kein Grund, mich auf den klösterlichen Weg zu begeben. Doch dann streifte ich es mir über, mit allen mulmigen Gefühlen, die dazugehören, einschließlich des Schreckens, den ich zuweilen immer noch damit verbinde. Das gilt für viele Schritte, die sich als wegweisend herausgestellt haben. Das Einzige, was ich im Nachhinein vielleicht als meinen eigenen Verdienst ansehe, ist, dass ich bereit war, diesen Weg zu gehen und ich es geschehen ließ. Nicht heroisch, auch nicht widerwillig, sondern einfach so.

Ich denke dabei zum Beispiel an meine Studienwahl. Ich weiß als Uniprofessor, dass dies heute für viele Jugendliche ein schwerer Schritt ist. Sie haben buchstäblich die Qual der Wahl, die unendlichen Möglichkeiten verstellen oft den Blick für das Naheliegende. Bei mir war das anders. Es hat sich einfach ergeben, und ich bin dem Ruf gefolgt. Mein Vater war gerade gestorben, als ich mich im Zivildienst befand. Als Einzelkind fand ich, dass ich in der Nähe meiner Mutter bleiben musste. Ich blieb also auch dann noch in der dörflichen Umgebung verhaftet, als viele andere das Weite suchten. Es schien, als würde das Dorf sogar verhindern, dass ich überhaupt ein Studium würde beginnen können. Wir hatten begrenzte Mittel. Ich sah mich schon in einem Büro einer Tätigkeit nachgehen, die ich nicht wollte. Dennoch habe ich mich gefügt und abgewartet, aus Pflichtbewusstsein.

Es stellte sich heraus, dass in meiner Abiturklasse der

Sohn eines Theologieprofessors war, der an der Universität in Nijmegen in den Niederlanden, ganz in der Nähe meines Geburtsortes, lehrte. Ich hatte weder von jenem Professor noch von der Theologischen Fakultät jemals gehört. Daher hatte ich nie an die Möglichkeit gedacht, dort zu studieren, und schon gar nicht Theologie. Ich habe es einfach gemacht. Dieser Schritt hat sich als eine der glücklichsten Wendungen in meinem bisherigen Leben herausgestellt, denn Nijmegen ist meine akademische Heimat geworden, die mich geprägt hat wie keine andere theologische Tradition. War das etwa schon ein Stück Berufung? Im Nachhinein kann ich das bejahen. In jenem Moment war es schlicht naheliegend. Es ist für mich ein Gottesgeschenk, dass ich in der niederländischen Theologie gelandet bin.

Empfänglichkeit für das Naheliegende muss also keineswegs bedeuten, dass man nur auf ausgetrampelten Pfaden gehen würde. Keiner in meiner Umgebung hatte jemals an Theologie gedacht, mich eingeschlossen. Das Unerwartete ist jedoch manchmal naheliegender, als man denkt. Aber man muss sich dafür entscheiden, und das ist genau der Unterschied zwischen meinen Kindheitserfahrungen in der dörflichen Enge und der klösterlichen Lebensform, der ich mich als Student langsam näherte. Ich habe lange gedacht, im akademischen Leben meine Berufung gefunden zu haben. Zugleich spürte ich aber auch, dass es dabei zwar um einen Beruf ging, der Teil einer Berufung sein konnte, nicht aber um eine Berufung im Sinne einer Lebensform.

Wie ein Pubertierender war ich hin- und hergerissen. Dieser Zustand hat einige Jahre gedauert. Ist das normal? Sicher nicht, was die Lebensform betrifft Die wenigsten Menschen werden heute Mönch, und nicht jeder ist so radikal zur Andersheit berufen wie ein Klosterbewohner. Aber es ist zugleich auch völlig normal, einen Prozess des Erwachsenwerdens zu durchlaufen, der Widersprüche umfasst. Das hat es schon immer gegeben, und es wird sich in jedem Menschenleben vollziehen. Man muss es nur zulassen.

Der englische Anthropologe Victor Turner spricht für die Jugend vom Wechselspiel zwischen »Struktur und Antistruktur«. Nach Turner kann man nur Momente der Freiheit erfahren, wenn man ihnen einen Rahmen gibt. Er legt den Schwerpunkt auf die »Initiation«, den Übergang ins Erwachsensein.[6] Dieser geschieht in klar definierten Phasen, in denen es Regeln gibt, denen sich Jugendliche widersetzen, an denen sie sich reiben können. Ohne diese Reibungsflächen ist es schwer, seine eigene Identität zu entwickeln. Zugleich darf die Reibung aber auch nicht so stark sein, dass man sich frustriert und ziellos vom Pfad des Lebens abwendet. Mir selber ist keine Art von Rebellenromantik fremd. Ich habe immer eine tiefe Solidarität mit allen gespürt, die authentisch und engagiert aufstehen und mit den verknöcherten Strukturen kurzen Prozess machen.

Bis heute ist diese Solidarität die Quelle für jene heilige Wut, die mich am Leben hält. Wenn man aber dauerhaft überleben will, muss man seinen Rahmen finden, mit dem man ein *erwachsener* Rebell werden kann, der jene Romantik kanalisiert. Grenzenlose Freiheit braucht Begrenzung. Das gilt für Heranwachsende, aber heute im zunehmenden Maße auch für andere Generationen. Unsere Gesellschaft leidet unter einem »Initiationsdilemma«, so der amerikanische Ritualwissenschaftler Ronald L. Grimes. Er meint damit, dass es für viele Menschen eben keine naheliegenden Wege des Erwachsenwerdens mehr gibt, nicht im persönlichen, nicht im gesellschaftlichen und auch nicht im religiösen Bereich.[7]

Leider ist es absolut nicht selbstverständlich, dass man in dieser Lebensphase den Raum bekommt, sich in aller Ruhe, vielleicht auch mit der heiligen Unruhe des Heranwachsenden, bereit zu machen für das, was kommt. Meine eigene Berufungsgeschichte zeigt mir in aller Deutlichkeit: Berufung braucht die heilige Anarchie der Suche. Erst dann kann man nämlich wirklich bereit werden für die Form und die

Ordnung, die die Wut in Bahnen lenkt und das anarchistische Leben lebbar macht. Sie braucht aber auch die heilige Ordnung der Lebensform. Zwar wird heute in der Pädagogik darüber diskutiert, ob man nun autoritär oder antiautoritär vorgehen sollte, doch ich erachte beide Begriffe für falsch, da entweder die heilige Anarchie (»Antistruktur«) oder die heilige Ordnung (»Struktur«) erstickt wird. Man muss durch freie Bereitschaft die goldene Mitte finden. Mir erging es genauso. Und ich bin dankbar dafür, dass die benediktinische Lebensform im scheinbaren Chaos meines Lebens übergeblieben ist.

Bewegung

Mein Klosterleben ist bis heute in Bewegung, und ich hoffe, dass das immer so bleibt. Es scheint nämlich nur so, als sei das Kloster ein Ort des Stillstands. Das ist ganz und gar nicht meine Erfahrung. Im Gegenteil, die Struktur des Tages, der Woche, des Jahres hilft dabei, echte Antistruktur zulassen zu können. So wie aber in der gegenwärtigen Gesellschaft die Wege, erwachsen zu werden, unendlich vielfältig sind, so gibt es eben auch immer unterschiedlichere »Berufungsverläufe«. Mein erster Abt, heute ein väterlicher Mitbruder, erzählt mir oft von seiner Anfangszeit im Kloster, als das noch ganz anders war. Sein Eintritt erfolgte mit achtzehn Jahren, und er war in ein strenges Noviziat eingebunden. Er lernte nur wenig von der Welt kennen, sehnte sich aber auch nicht danach. Auf diese Weise ist in seinem Leben eine Balance zwischen Struktur und Antistruktur entstanden, die ihn auch nach sechzig Jahren im Kloster noch glücklich sein lässt. Zugleich muss man jedoch auch bedenken, wie oft diese scheinbar festgelegten Berufungsgeschichten aus vormoderner Zeit zu menschlichen Tragödien geführt haben. Das geschieht immer dann, wenn entweder die Enge oder die Weite unerträglich werden. Dann richtet sich das Verlangen des Menschen nämlich nicht mehr auf Gott, sondern auf irgendetwas anderes, was man gerne hätte, aber nicht hat.

Mein Weg glich eher einer postmodern anmutenden »*bricolage*«, weniger dem einheitlichen Bild von früher. Aber war sein Ausgangspunkt nicht doch ganz ähnlich wie der all jener, die in vorigen Jahrhunderten in Kloster gingen? Er ging von einem Verlangen nach etwas aus, das grundsätzlich anders ist als alles, was man normalerweise erwarten würde. Die Grenzen waren fließend geworden, sie ließen sich nicht so genau festlegen. Das ist in fast allen Lebensbereichen inzwischen gang und gäbe. Man denke an Beziehungen, die Mitgliedschaft in Vereinen oder auch Kirchen. Nur in Klöstern kann man sich diese Verflüssigung des Lebens nicht vorstellen. Klöster bieten in der Tat eine feste Struktur, und das müssen sie auch, um sich von der Welt unterscheiden zu können. Diese Absonderung darf aber auch wieder nicht so weit gehen, dass man vollkommen weltfremd wird.

Für mich war eine Passage aus der Regel des heiligen Benedikt ein wichtiger Fingerzeig, auch mit meinem verzweigten Lebenslauf den Schritt ins Kloster zu wagen: »Sollte es aus wohlüberlegtem Grund etwas strenger zugehen, um Fehler zu bessern und die Liebe zu bewahren, dann lass dich nicht sofort von Angst verwirren und fliehe nicht vom Weg des Heils; er kann am Anfang nicht anders sein als eng. Wer aber im klösterlichen Leben und im Glauben fortschreitet, dem wird das Herz weit, und er läuft in unsagbarem Glück der Liebe den Weg der Gebote Gottes.« (RB Prolog 47–49)

Als ich diese Sätze las, hat es mich fast umgehauen: das war genau, wonach ich verlangte, das wollte ich tun. Ich konnte kaum ahnen, wie schwer es einem fallen kann, nicht doch wieder zu fliehen. »Eintreten ist einfach, Bleiben ist schwer«, diese Klosterweisheit habe ich schmerzlich kennengelernt. Aber eines war klar: der Enge meiner Kindheit zu entfliehen, war ein Schritt in die richtige Richtung gewesen, und dieser Umweg würde mich langsam auf diesen »Weg des Heils« führen. Die spirituelle Sprache Benedikts ist mir inzwischen vertraut, aber das war sicher nicht immer so. Anfangs fand ich die Worte oft viel zu groß für die kleinen Aufstände, die ich in meinem Leben probte. Aber vielleicht war auch das ein Beitrag zu einer Enge, die Weite in mein Herz bringen würde?

Berufung

Es gab eine Zeit, in der ich die vielen Kämpfe mit der dörflichen Enge, mit meiner verlängerten Pubertät, durch den frühen Tod meines Vaters und meine unvermittelte Entscheidung für die Theologie und die Wissenschaft gehasst habe. Ich habe mich klammheimlich geschämt, dass ich nicht in der Lage war, eine deutlichere Berufung zu finden. Bei einem Theologen erwartet das jeder. Im Dorf sagte man mir: »Dann wirst du also Pastor«, und nichts lag mir zu dieser Zeit ferner als das. Auch die Studenten in der Gruppe, für die ich in Belgien referierte, reagierten eher enttäuscht, als ich ihnen sagte, nicht mit einem frühen, deutlichen, klar artikulierten Berufungserlebnis dienen zu können. Die Ausgangsfrage bleibt also: was bedeutet Berufung?

Als ich mit vierzig ins Kloster eintrat, verspürte ich einerseits ein Gefühl der Erleichterung: endlich! Andererseits war da aber auch die Angst, ob es nun endlich gelingen würde, eine Form für mein Verlangen nach Weite, nach »Gott in meinem Leben«, zu finden. Beide Gefühle drohten mich auf einen weiteren Umweg zu führen: jenen nämlich, auf dem man sicher ist, auf dem richtigen Weg zu sein. Eine der ersten klösterlichen Weisheiten, die man lernt, lautet jedoch, dass man dasjenige, was man sicher zu haben glaubt, nun gerade *nicht* hat. Ich musste erst noch lernen, meine Umwege als den eigentlichen Weg zu sehen.

Ich habe immer dann gespürt, wie sehr ich noch dem Erfolgsdruck der »geistlichen Karriere« verhaftet war, wenn ich unter den Umwegen, die ich zu gehen hatte, litt. Wenn mir die Geduld fehlte, zu akzeptieren, dass Dinge manchmal mehr Zeit und Mühe kosten, als mir lieb war. Was hier wie eine einfache Geduldsprobe klingt, kann zu einer echten Zwickmühle, einer ernsthaften Orientierungslosigkeit werden, wenn man sich in einem verzwickten Lebenslauf befindet. Ich habe gelernt, dass meine Entwicklung auch darin bestehen konnte, nicht vor der Verantwortung davonzulaufen. Denn der gesellschaftliche Nutzen meines Weges hatte wenig mit großen Projekten, sondern vielmehr mit meiner eigenen komplexen persönlichen Situation zu tun, die nicht nur mich etwas anging.

Ein Gespräch mit einem geistlichen Begleiter hat mir dabei sehr geholfen. Ich hatte ihm einige Stationen meiner Lebensgeschichte, vor allem der Umwege, erzählt. Zu jener Zeit wurde meine Mutter, mit der mich so viel verbindet, durch akute Rückenprobleme pflegebedürftig. Die Fürsorgepflicht für sie, die ich sehr ernst nehme und die mir heilig ist, schien den Beginn meines Noviziats erneut zu verzögern. Ich musste für meine Mutter sorgen und konnte nicht permanent im Kloster sein. Mein Begleiter sagte: »Die Sorge für deine Mutter ist das beste Noviziat, das ich dir wünschen kann.« Und so galt es für viele Engpässe, die mich beinahe erstickt haben: sie haben mich mein Verlangen erst entdecken lassen, das mich schließlich ins Kloster führte. Meine Mutter wohnt inzwischen in einer schönen Seniorenresidenz, wir haben unsere Übergänge gemeinsam vollzogen. Wir sind beide der Herausforderung, die Geduld erfordert, nicht aus dem Weg gegangen. Gott sei Dank!

Bin ich selber nun am Ziel, jetzt, wo mein Noviziat hinter mir liegt, ich das Ordenskleid trage und im Kloster lebe? Nein, das wäre wieder genau das Gegenteil meiner allmählichen, retrospektiven Berufung. Dann würde ich mich in die Struktur flüchten und keine Antistruktur mehr zulassen. Aber vielleicht bin ich *unterwegs* angekommen. Ich bin mir darüber im Klaren, dass meine Berufungsgeschichte nicht repräsentativ ist und sich von den meisten meiner Mitbrüder unterscheidet. Dass ich sie aber durch die speziellen Umwege, die Gott mir vor die Nase gesetzt hat, experimentell erfahren, selber erproben und mit den Menschen in meiner Umgebung kreativ gestalten musste, macht sie für mich zu einer bleibenden Fundgrube. Ich lerne daraus, was Initiation bedeutet, nicht nur hinter Klostermauern. Vielleicht ist es also gerade gut, dass ich bis heute nicht sagen kann, wann ich meine Berufung genau gespürt habe. Bin ich »ein neuer Mensch in Christus«, wie Paulus sagt? Das klingt schon wieder sehr groß. Aber ich versuche, den Weg zu gehen, der meinem Verlangen Raum gibt.

3 Übergang

Ich weiß noch wie gestern, wie ich an jenem Tag meines offiziellen Eintritts ins Kloster zum ersten Mal im Chorgestühl saß. Als neuer Postulant trägt man während des Chorgebets eine einfache Soutane mit Kapuze, aber noch nicht den Habit, also das eigentliche Ordensgewand. Außerhalb der Kirche trägt man im Kloster dann noch Zivilkleidung. Darüber war ich im Vorfeld froh gewesen, denn der Habit hatte mich eher abgeschreckt. Natürlich hatte ich mich vorbereitet, die einfache Soutane für die Kirche anprobiert. Wie würde es sich aber nun tatsächlich anfühlen? Das kann man im Vorfeld kaum planen. Wie so oft im Leben kann ein kleiner Schritt einen riesigen Unterschied machen. Man wechselt seinen Platz von der Kirchenbank ins Chorgestühl und betritt eine andere Welt, auch wenn in unserer kleinen Abteikirche nur zehn Meter dazwischenliegen.

Es war ein Gefühl, das ich kaum beschreiben kann. Ich war ergriffen, das trifft es wohl am besten. Dabei lebte ich schon längst mehrere Tage pro Woche als ständiger Gast im Kloster. Ich hatte mir also eingeredet, dass es schon nicht so ein weltbewegender Unterschied sein würde. Doch ich hatte mich geirrt. Die Ergriffenheit raubte mir den sonst so geübten Gang, den ich mir bei Vorlesungen oder Vorträgen angeeignet hatte, eine durchaus wirksame Art, sich in der Öffentlichkeit zu bewegen. Hier funktionierte das nicht. Es gab nämlich keine Öffentlichkeit. Zwei sehr liebe Menschen, mit denen ich schon lange verbunden war, hatten mich an jenem Tag mit »weggebracht«, das heißt, sie begleiteten meinen Klostereintritt. Sie saßen in der Bank, sahen mich zum ersten Mal in der Soutane in die Kirche kommen und sagten später beide: »Du warst ganz anders.«

Ich habe nach meinem ersten Mal im Chor mit den beiden

und dem damaligen Abt gemeinsam noch im Refektorium, dem Speisesaal des Klosters, Kaffee getrunken, später mit den Brüdern zu Abend gegessen, die Rekreation, die gemeinsame Freizeitstunde, verbracht und schließlich die Komplet, das Nachgebet, mit dem man den Tag abschließt, gebetet. Als ich anschließend alleine auf meiner Zelle war, wandelte sich die Ergriffenheit, die ich bis dahin als durchaus feierlich erlebt hatte, zur Panik. Ich rief einen der beiden Begleiter an, der inzwischen zu Hause angekommen war. Ich war mir nicht sicher, ob das überhaupt erlaubt war, denn nach der Komplet ist es im Kloster still – Silentium – das große Schweigen. Aber ich tat es trotzdem. Da wir zusammen durch dick und dünn gegangen sind, merkte mein Weggefährte sofort, dass etwas nicht in Ordnung war: »Was ist denn mit dir los?«, fragte er besorgt. »Ich habe das Gefühl, nie wieder in meinem Leben eine Privatperson zu sein«, sagte ich mit vorsichtiger Stimme. Die Selbstsicherheit war weg, und mir wurde in diesem Moment klar, dass sich wirklich etwas Grundlegendes geändert hatte. Es hatte mit genau diesen zehn Metern Abstand zwischen Kirchenbank und Chorgestühl zu tun. Ich war dabei, einen Übergang in eine andere Lebensphase und Lebensform zu vollziehen.

Scharniermomente

Kein Mensch wird in eine Lebensform hineingeboren. In unserer Biographie gibt es Veränderungen, Verschiebungen, Fortschritte und Rückschritte. Diese vollziehen sich manchmal, ohne dass wir es merken. Bei meinem Weg ins Kloster war das so. Aber es gibt auch jene verdichteten Momente, an denen sich auf einmal ein Übergang vollzieht. Alles ist mit einem Mal anders. Diese Scharniermomente des Lebens werden von alters her rituell markiert. Ritualforscher Ronald L. Grimes schreibt: »Übergänge vollziehen sich von selber, aber Übergangs*riten* inszenieren wir.« Das bedeutet, dass Menschen die Übergänge in ihrem Leben erst dann wirklich bewusst vollziehen, wenn sie Rituale dafür haben. Selbstverständlich ist das längst nicht mehr.

Beispielsweise war es in christlichen Ländern bis vor einigen Jahrzehnten noch eine heilige Pflicht, ein Kind so schnell wie möglich nach der Geburt zu taufen. Damit war die Taufe zu einem Geburtsritual geworden, auch wenn das nicht ihre ursprüngliche Bedeutung ist. Vom Ursprung her ist sie nämlich ein Initiationsritual für Erwachsene, die Christen werden. Was immer man von der Kindertaufe halten mag, sie war jedenfalls ein wichtiger Scharniermoment und wurde zu einem Übergangsritus bei der Geburt. Ein weiteres Beispiel ist die Eheschließung: Bahnte noch bis vor einigen Jahrzehnten ein kulturell und religiös vorgegebener ritueller Parcours den Weg zum Zusammenleben, so gibt es heute unzählige Formen. Die Freiheit, die dadurch entstanden ist, gehört sicher zu den Verdiensten unserer Zeit, die von vielen geschätzt werden. Rituell stellt sich aber sowohl bei der Taufe als Geburtsritual als auch bei der Eheschließung als Übergang zum Zusammenleben die Frage, was an ihre Stelle tritt, wenn diese Inszenierungen ihre Selbstverständlichkeit verlieren.

Übergänge vollziehen sich immer auf dieselbe Weise, so der Ethnologe Arnold van Gennep. Bereits 1909 schrieb er das bahnbrechende Buch *Les rites de passage* zum Thema »Übergangsriten«.[8] Sein Anspruch war es, eine allgemeine Struktur zu finden: Geburt, Erwachsenwerden, Heirat, Tod. Er verglich unterschiedliche Kulturen und kam zu dem Schluss, dass es immer drei Phasen sind, in denen sich der Übergang vollzieht: Trennungsriten, Schwellenriten und Integrationsriten. Man nimmt zunächst Abschied von der früheren Lebensphase, und zwar bewusst, durch eine räumliche Trennung oder einen sichtbaren Übergang. Zweitens befindet man sich in einer Art Grauzone. Bei der Ehe war das traditionell die Verlobungszeit. Man ist kein Junggeselle mehr, aber auch noch nicht verheiratet. In dieser Grauzone vollzieht sich die eigentliche Veränderung. Man wird ein anderer. Die Integration läutet dann die neue Phase ein: die Eheschließung oder auch die Taufe, durch die man das neue Leben beginnt. Das Modell von Van Gennep ist einerseits allgemein wiedererkennbar, trifft aber längst nicht mehr immer zu. Entweder sind Repertoires weggefallen oder die Reihenfolge hat sich geändert. Geburtsrituale gibt es kaum mehr, und bei der Ehe ist der Übergang fast immer schon vollzogen, bevor das Ritual folgt, denn die Partner leben schon längst zusammen.

Vielleicht habe ich mich gerade deshalb mit dem ersten Schritt meines Übergangs in die klösterliche Lebensform an jenem Abend so schwergetan, weil es kaum mehr vergleichbare Beispiele für *Trennungen* vom früheren Leben gibt. Natürlich trennen sich Menschen voneinander. Sie werden vielleicht öfter mit Abschieden konfrontiert als ihre Eltern und Großeltern. Heutzutage ist das Leben viel schneller, viel beweglicher, die Scheidungsrate liegt nicht umsonst so hoch. Aber wir durchlaufen immer weniger Rituale, immer weniger eindeutig inszenierte Momente, an denen sich das festmachen ließe. Den Übergang jetzt, in diesem Moment, an diesem Ort zu spüren, das passiert einem eher selten, und wenn überhaupt nur zufällig.

Trennung

Ein Klostereintritt *ist* eine radikale Trennung, ob man will oder nicht. Er zieht einem gewissermaßen den Boden unter den Füßen weg. Auch wenn man meint, das Ganze noch so gut überlegt, durchdacht und geplant zu haben, es fühlt sich immer anders an. Die Trennung von meinen lieben Freunden am Abend meines Eintritts war natürlich keineswegs für immer. Ich hatte mein Handy, und es ist ein Leichtes, Kontakt zu halten. Das war in früheren Zeiten im Kloster nicht so. Man trat ein, die Klosterpforte schloss sich, und man war buchstäblich von der Bildfläche verschwunden. Man kam eigentlich nie wieder heraus, wurde sogar auf dem Klosterfriedhof begraben, der sich innerhalb der Klostermauern befand. Diese Dramatik bleibt heutigen Postulanten erspart. Dennoch muss man sich die Schwelle des Eintritts auch nicht zu niedrig vorstellen.

»Es muss auch wehtun«, hatte mir ein befreundeter Mönch zuvor gesagt. Mich irritierte das ein wenig. Ich beschäftigte mich doch schon jahrelang mit dem Klosterleben. Gehörte ich nicht irgendwie schon dazu? Ich war regelmäßiger Gast und war mit Mönchen befreundet. Die Warnung, dass »es wehtun würde«, überhörte ich lieber. Im Nachhinein habe ich festgestellt, dass er recht hatte. Es war aber auch keine Warnung gewesen, die er mir gab, sondern eher ein guter Rat: »Lass zu, dass es wehtut.« Warum sollte man den Trennungsschmerz nicht vermeiden? Weil dann der Übergang von Anfang an nicht wirklich spürbar wird.

Ohne Trennung kein neues Leben, so lautet meine Lektion aus dem Eintritt. Es ist keine einfache Lektion. Ich hatte es in meinem Leben, auch in meiner Berufungsgeschichte, immer tunlichst vermieden, Vergangenes loszulassen. Ich probierte alles Mögliche aus, aber einen klaren Schnitt machte ich selten. Wenn man jedoch zu keiner klaren Trennung im Stande ist, ist man auch nicht zu einer wirklichen Bindung fähig. Nur wenn man Trennungen nicht als Katastrophen auffasst, denen man am liebsten aus dem Weg gehen würde, kann sich wirklich etwas verändern.

Der kleine Übergang von der Kirchenbank zum Chorgestühl, diese so bedeutungsvollen zehn Meter, wurden für mich zu einem Parcours der rituellen Trennung. Ich trennte mich von meinem früheren Leben, von vielem, was mir lieb und teuer war. Das spürte ich nun unmittelbar. Ja, es tat weh. Aber es war auch erhebend und sinnstiftend zugleich. Ich war ja nicht einfach so aus der Welt gepurzelt. Ich war dabei, in eine Welt einzutauchen, die eine besondere Anziehungskraft auf mich ausübte.

»Wie gut, dass es diese zehn Meter Abstand gibt«, sagte ich meinem Freund zwei Wochen später. Man hätte es im Kloster auch anders lösen können. Diejenigen, die regelmäßig kommen, könnten einfach auch mit im Chorgestühl sitzen. Als Gast war ich oft wütend gewesen, dass das in unserer Abtei nicht erlaubt ist. Nur Mönche sitzen in der Chorbank. Im Nachhinein war es für mich gut und wichtig, dass ich bis zum Fest der heiligen Maurus und Placidus, der Schüler des heiligen Benedikt, warten musste: dem Tag meiner Aufnahme als Postulant. Das Datum hatte ich mir nicht ausgesucht. Vater Abt hatte es mir mitgeteilt, nachdem der Rat der Abtei – ein für mich derzeit noch völlig mysteriöses Gremium, denn ich hatte keine Ahnung, wer darin saß – *für* meine Zulassung gestimmt hatte. Davon erfuhr ich erst einige Wochen nach meinem offiziellen »Gesuch«. Auch das machte mich wütend. Was war denn so schwierig daran, das Bittschreiben zu lesen? Sie kannten mich doch nun schon seit Jahren! Das mag schon stimmen, aber es ist eine gute Methode, die Trennung wirklich zu erleben, wenn man warten lernt. Ich musste also auf den Beschluss und auch auf den Tag warten, an dem er Wirklichkeit werden würde. Vielleicht war das extreme Wetter an jenem Januartag meiner offiziellen Aufnahme in das Kloster ein Zeichen des Himmels: es stürmte und regnete, als würde die Welt untergehen. »Das muss der Heilige Geist sein«, sagte mir eine Ordensschwester, die dabei war.

Schule

Die Lebensform, die man sich aneignen will, hat man nicht im Blut. Man muss sie erlernen. Der heilige Benedikt nennt sein Kloster nicht zufällig eine Schule: »Wir wollen also eine Schule für den Dienst des Herrn einrichten.« (RB Prol 45) Was ist damit gemeint? Es geht nicht darum, dass man die Kniffe des Klosterlebens erst erlernen müsste. Ich musste einerseits lernen, wo ich im Chorgestühl zu stehen habe und welche Gesten zu welchen Situationen passen. Das ist sicher eine Seite, die viele Außenstehende mit dem Klosterleben verbinden. Aber es ist noch viel mehr: Die Schule, von der der Mönchsvater hier spricht, bezieht sich darauf, dass die ganze Lebenshaltung klösterlich wird. Man verändert sich, sodass man in allen Situationen ein Ordensmann ist. In der Grauzone, die man mit dem Eintritt ins Kloster betritt, setzt diese Transformation ein. Als ich das erste Mal feierlich aus der Kirche auszog und die Trennung vom bisherigen Leben spürte, war ich noch kein Mönch. Mitnichten!

Wie konnte ich dann am Telefon sagen, dass ich »nie wieder eine Privatperson« sein würde? Ich hatte mit einem Mal das Gefühl, dass es am nächsten Morgen nicht mehr meine Privatsache sein würde, wie ich aufstehe und mich ankleide. Nicht dass irgendjemand es kontrolliert hätte. Trotzdem spielte es eine große Rolle. Die »Schule«, in der ich mich befand, funktionierte nicht durch äußere Sanktionen, sondern durch inneren Antrieb. Sie war eine Schule für den »Dienst des Herrn«, und das war kein Dienst nach Vorschrift. Er endete auch nicht mit dem Auszug aus der Kirche. Er war eine Lebensweise. Das ist ganz schön beängstigend, auch jetzt, wenn ich es aufschreibe. Denn man wird tatsächlich nie mehr derselbe sein.

Einkleidung

Am 3. Juli, dem Festtag meines Namenspatrons, des Apostels Thomas, wurde ich nach dem Postulat schließlich ›eingekleidet‹. Damit bekommt das Übergangsritual ins Mönchsleben eine neue Qualität. Man trägt ab diesem Tag nicht mehr nur zu den Gottesdiensten die Soutane, sondern den ganzen Tag das Mönchsgewand. Es ist kein Zufall, dass es »Habit« genannt wird. Darin steckt das lateinische Wort »habitus« und das Englische »habit«. Es ist Ausdruck der inneren Haltung, die rituell durch das äußere Gewand symbolisiert wird. Mit der Einkleidung gehört man offiziell zur Abtei, zur Mönchsgemeinschaft, also zum Orden. Ich hatte mich auch darauf vorbereitet und viele Gespräche mit meinem Abt geführt. Es erschien mir eine logische Folge der vergangenen Monate, nun den nächsten Schritt zu gehen. Es stellte sich derselbe Effekt wie beim Eintritt ein. Ich glaubte, es würde keinen so großen Unterschied machen, aber in Wirklichkeit berührte, ja schockte es mich zutiefst.

Das Ritual verläuft wie folgt: Im Kapitelsaal, dem offiziellen Raum für solche Anlässe, kniet man vor dem Abt inmitten der anderen Mönche auf dem Boden. Der Abt fragt:»Was verlangst Du?« Die Antwort lautet:»Die Barmherzigkeit Gottes und Teil dieser Mönchsgemeinschaft sein zu dürfen.« Der Abt sagt daraufhin:»Möge der Herr dieses Verlangen in Dir bekräftigen.« Damit gibt man nicht nur den weiteren Verlauf des Mönchslebens, sondern sogar sein eigenes Verlangen in Gottes Hände. Der Abt bittet Gott, das Verlangen zu bestätigen und zu beständigen. Genau darum berührte mich der Moment so ungemein. Ich hatte es ab jetzt nicht mehr selbst in der Hand. Danach zieht der Abt einem das Gewand an. Zunächst die Tunika, ein schwarzes Untergewand. Dann bindet er einem das Zingulum, den monastischen Gürtel, um und streift einem schließlich das Skapulier über den Kopf. Bevor er das tut, wäscht er einem den rechten Fuß. Ich erinnere mich noch sehr genau, wie nah mir dieses Ritual ging. Es ist uns generell unangenehm, wenn uns jemand unseren Fuß wäscht. In diesem Fall weiß ich noch, dass ich es als Wohltat empfand. Das Tuch, das zum Abtrocknen benutzt wurde, fühlte sich weich an.

Alle drei Teile des Habits haben eine Bedeutung: Die Tunika ist von ihrem Ursprung her ein schlichtes Alltagsgewand. Alle tragen dasselbe und empfangen es vom Abt. Der Gürtel steht für die Bereitschaft, Gott immer zu dienen, gegürtet zu sein und stets bereit aufzustehen. Das Skapulier ist das eigentliche Mönchskleid mit der charakteristischen Kapuze. Die Kapuzen lassen alle Mönche gleich aussehen. Das symbolisiert die Eingliederung des individuellen Lebens in die einheitliche Form der Mönchsgemeinschaft. Man kann seine ganze Identität fortan dem Mönchsgewand entlehnen. Es ist das genaue Gegenteil einer modischen Vorliebe. Normalerweise wählen wir Kleidung nach unserem Geschmack aus. Hier passt sich unser Geschmack, ja unser ganzes Handeln dem Kleid an. Die Lebensform, in die man während der nun beginnenden Phase des Noviziats hineinwächst, ist nicht willkürlich. Sie kostet den Preis der völligen Hingabe.

Kaleidoskop

Der Grund für den Schock, den ich bei der Einkleidung erlitt, war, dass ich mit einem Mal die Tragweite der Entscheidung buchstäblich bis ins Mark spürte. Es war ein universaler Übergang! Den meisten Menschen werden bei der Frage nach ihrer Lebensform gleich mehrere Dinge einfallen: Der Beruf, die Familie, ein Hobby, und vielleicht auch Religion. *Die* Lebensform gibt es für die meisten Zeitgenossen nicht mehr. Wir leben in unterschiedlichen Formen, die sehr schnell von einem Moment auf den anderen wechseln können. Ich selber habe mein Leben gerade in dieser Hinsicht immer als ein Kaleidoskop wahrgenommen. Ich war Universitätsprofessor. Als solcher trug ich eine Toga, den schwarzen Professorenmantel, wie es in den Beneluxländern zu offiziellen akademischen Anlässen üblich ist. Ich war Musik-Fan, der gerne Konzerte der härteren Art besuchte. Dort trug ich T-Shirts der jeweiligen Band. Ich war Fußballfan, Dauerkarteninhaber des 1. FC Köln, um genau zu sein. Dort trug ich das Trikot und den Schal mit dem Geißbockemblem. Passt das alles zusammen? Ich hatte, um ehrlich zu sein, kein Problem damit.

Im Gegenteil, alle diese Outfits trug ich mit großer Begeisterung. Sie gehörten für mich zu einem guten Leben dazu, nicht einfach nur als Verzierung oder zum Spaß, sondern weil sie Identität formten. Diese Identität war vielschichtig, vielfarbig und momentan. Im jeweiligen Moment war ich jeweils ein ganz anderer Teil meiner selbst. Bis zu einem gewissen Grad ging das auch gut, aber irgendwann hatte ich das Gefühl, dass es an der Zeit sei, mehr Einheit in die Vielfalt zu bringen. Ich habe es nämlich für viel zu einfach gehalten, dass »Kleider eben Leute machen«. Das ist nur die Außenseite. Für mich bestimmten meine Outfits mein jeweiliges Sein, nicht nur, wie Leute mich wahrnahmen. Ich *war* wirklich ein anderer, und das konnte sich schnell ändern. Ist das nicht schizophren? Ich habe es lange Zeit nicht so empfunden. Aber ich spürte in den letzten Jahren, bevor ich ins Kloster eintrat, dass ich nicht mehr so einfach wechseln konnte. Ich *war* nicht mehr der Professor, der Konzertgänger und der Stadionbesucher. All das ermüdete mich. Es gab eine tiefere Dimension von mir, die in all diesen Rollen nicht zum Ausdruck kam und doch all diese Facetten miteinander vereinte. Nur noch widerwillig schlüpfte ich in meine Toga, mein T-Shirt, mein Trikot.

Das Kaleidoskop unserer heutigen Existenz braucht einen Humus, auf dem wir gedeihen und durch den wir verschiedene Teile unserer Persönlichkeit sichtbar machen können. Wenn die Basis fehlt, ist der permanente Wechsel ermüdend. Als regelmäßiger Gast meiner heutigen Abtei habe ich das irgendwann schmerzhaft gespürt. »Sie sind der Professor, der sich regelmäßig in die klösterliche Stille zurückzieht, um dort ausruhen zu können und sich inspirieren zu lassen«, so sagten einige meiner Studenten. Und sie hatten recht. Die primäre Rolle des Professors kostete viel Kraft. Regelmäßig in die Rolle des »Hobby-Mönchs« zu schlüpfen, schien mir ein guter Ausgleich. Auch meine Freizeitaktivitäten kosteten viel Zeit und Energie. Da empfahl es sich, dann und wann abzuschalten und etwas mit mehr Tiefgang zu tun: das Kloster als willkommene Abwechslung. Aber das alles funktionierte irgendwann nicht mehr. Ganz allmählich habe ich gemerkt, dass sich die Reihenfolge klammheimlich umgekehrt hatte: ich war nicht mehr der Wissenschaftler, der sich im Kloster inspirieren lässt, der Konzert- bzw. Stadionbesucher, der Abwechslung und Tiefgang sucht. Nein, ich war *Mönch*! *Das* war primär. Oder besser: ich wollte es werden. Ich verlangte nach der Transformation, dem Übergang.

Ein Kaleidoskop muss von innen heraus leuchten, nicht von außen angestrahlt werden. Da kniete ich nun also mit meinem Habit bei der Einkleidung und war schockiert. Der Unterschied zu Universität, Rockmusik und Fußball war, dass ich das neue Gewand des Benediktinerordens symbolisch gesehen nie wieder ablegen würde. Ich würde morgens damit aufstehen und abends damit zu Bett gehen. Es war nicht eines von verschiedenen Kleidungsstücken. Die anderen würde ich nie wieder tragen. All das redete ich mir erneut am Telefon von der Seele. Am anderen Ende der Leitung hörte ich: »Wir können doch trotzdem hin und wieder zu einem Konzert gehen.« Das taten und tun wir auch, so sollte sich herausstellen. Aber darum ging es nicht. Es war ein allumfassendes Ritual, das mich an diesem Tag verändert hatte, und das war mir heilig. Wieder war ich ergriffen, im erhabenen und im ängstlichen Sinne. Und wieder war es extremes Wetter, so wie bei meinem Eintritt. Dieses Mal kein Sturm, sondern fünfunddreißig Grad Hitze. Genau die richtige Voraussetzung, um ein neues Gewand zu erhalten!

Formen

Im Laufe meines Noviziats hat sich vieles bewegt. Am meisten ist mir aufgefallen, dass sich äußere Haltung und innere Gesinnung längst nicht immer parallel entwickeln. Sie können sich ergänzen, manchmal auch wiedersprechen. Am deutlichsten wurde mir das durch die vielen kleinen Details, die mir beigebracht wurden. Ein Beispiel: Als ich in der Kirche die Hände fromm über dem Skapulier faltete, sagte mir ein älterer Mitbruder nach dem Gottesdienst: »Die Hände gehören *unters* Skapulier, und zwar immer, wenn du sie nicht brauchst«. Das war für mich mehr als ungewohnt. Gerade wenn ich redete, war ich als Dozent daran gewöhnt, zu gestikulieren. Auch im sozialen Umgang sind Hände für spontane Äußerungen von Sympathie sehr wichtig. Wie sollte das alles gehen, wenn ich von nun an nur noch darauf achten sollte, sie nach innen zu richten, zu verbergen?

Ganz allmählich wurde mir klar, dass der Weg zum Mönchtum nun gerade darin bestand, sich nicht zu spontanem Gestikulieren, zu Bekundungen von Sympathie hinreißen zu lassen. Die introvertierte Haltung, die hier offenkundig von mir verlangt wurde, verunsicherte mich. Das lag nicht daran, dass ich liturgischen Gewändern gegenüber unsicher oder abgeneigt gewesen wäre. Durch meine Erfahrung als Messdiener waren sie für mich völlig normal. Es lag wohl eher daran, dass die Gewänder im Kloster allen Brüdern den gleichen Anstrich zu geben scheinen, den gleichen »Habitus«. Ich widersetzte mich jenem Zwang zur Uniformität. Auch die introvertierte Haltung, die der Habit einem auferlegt, schien so gar nicht zu mir zu passen. Warum habe ich mich dennoch gefügt, auch wenn es mir nicht leichtfiel? Weil es nicht nur um die äußere Form geht, sondern sozusagen um Form *und* Inhalt. Durch die vielen kleine Rituale, die ich mir aneignen musste, erfuhr ich die Spannung zwischen äußerer Disziplin und innerer Gesinnung. Ich merkte aber auch immer wieder, dass die Form auch den Inhalt verändern kann. Ja, man *wird* ein anderer Mensch, wenn man sich anders verhält. Manchmal geht das ganz natürlich wie von selbst, und manchmal muss ich mich mit Disziplin dazu zwingen oder werde von Mitbrüdern darauf hingewiesen.

Disziplin

Disziplin gibt es im Kloster wahrlich genug. Als erstes fällt mir, wie so oft, die Stille ein. Einerseits erscheint sie vielen Klosterbesuchern als eine Wohltat, eine Oase der Ruhe. Andererseits erinnert sie manche auch an scheinbar vollkommen sinnlose Schikanen in ihrer Kindheit, beispielsweise als ihnen der Mund verboten wurde. Benedikt legt in seiner Regel größten Wert darauf, dass man die Stille einübt und zwar in ganz konkreten Situationen. Zu Tisch wird bis heute in Benediktinerklöstern nicht gesprochen: »Es herrsche größte Stille. Kein Flüstern und kein Laut sei zu hören, nur die Stimme des Lesers.« (RB 38, 5) Warum darf man sich beim Essen nicht angeregt unterhalten? Ein Grund ist, dass aus einem Buch vorgelesen wird, das wirklich etwas zu sagen hat. Man würde den Vorleser kaum verstehen, wenn jeder durcheinanderredete. Auch kann man sich dadurch besser auf das Essen konzentrieren. Noch wichtiger aber ist, dass erneut eine Haltung der Innerlichkeit eingeübt wird. Wenn man in einem der wichtigsten Gemeinschaftsmomente, dem Essen, mit den Mitbrüdern gemeinsam Schweigen übt, dann entsteht dadurch eine Verbundenheit, die weit über die gewohnte Geselligkeit hinausgeht. Ich habe mich am Anfang durchaus schwer damit getan, heute finde ich es das Normalste von der Welt. Ich muss mich sogar dazu zwingen, bei einem Essen außerhalb des Klosters nicht allzu schweigsam zu sein.

Ich gebe gerne zu, dass ich mich als eher lauter und extrovertierter Typ noch immer nicht recht an die Introvertiertheit und das Schweigen gewöhnt habe, das dem Mönch nicht nur angeraten, sondern vorgeschrieben wird. Aber ich spüre immer mehr das Verlangen, diesen Habitus zu erlernen, so dass ich meinen Kloster-Habit mit immer mehr Würde tragen kann. Das ist ein langer Weg, eine endlose »Schule für den Dienst des Herrn«. Wenn man sich in sie hineinbegibt, wird aus einer scheinbaren Enge Weite. Das Schöne am Klosterleben ist, dass es einen klaren Pfad gibt, einen Weg, der geregelt und sichtbar vor einem liegt, den schon viele vor einem gegangen sind, und Wegweiser, auf die man sich verlassen kann. Das ist keineswegs selbstverständlich, schon gar nicht in der heutigen Konsumgesellschaft, in der man ständig alles selber wählen muss. Im Kloster ist das nicht mehr nötig. Wenn man sich einmal auf den Weg begeben hat, weist er sich von selber. Was es dann braucht, ist Disziplin. Ein furchtbar altmodisches Wort. Und vielleicht gerade darum so aktuell. Disziplin bedeutet nichts anderes als sich zu üben.

Stammplatz

Am Ende meines Noviziats war mir klar, dass ich keineswegs einen Stammplatz im Chorgestühl erworben hatte. Natürlich hatte ich inzwischen meinen festen Platz, denn es gehört zum Klosterleben dazu, dass Plätze klar verteilt sind. Man sitzt immer an derselben Stelle, und zwar in der Reihenfolge des Eintritts. Die am längsten da sind, sitzen vorne, und dann geht es wie die Orgelpfeifen bis zu demjenigen, der als Letzter eingetreten ist. Ich war lange der Jüngste. Dieser Platz gefiel mir gut. Ich konnte mich auch in meinen bescheidenen Versuchen stets darauf berufen, dass ich ja schließlich der Letzte in der Reihe sei. Inzwischen sind Postulanten nach mir gekommen. Sie sitzen hinter mir. Ich freue mich, dass sie da sind. Aber das Gefüge der Gemeinschaft und meine Rolle darin verändern sich dadurch wieder. Erneut ist es ungewohnt, erneut entsteht Antistruktur innerhalb der gewohnten Struktur. Aber letztlich geht es nicht darum, wer vor oder hinter einem sitzt. Man muss im Kloster in der Lage sein, sich auf sich selber zu richten. Dann kann man sich auch zu anderen verhalten.

Dazu gehört Gottvertrauen. Wenn man das nicht hat, wird man das Noviziat nicht durchhalten. Das ist kein Problem und keine Schande. Erfahrene Novizenmeister sagen heute, dass *einer* von drei Neuankömmlingen bleibt. Bedeutet das, dass man einfach mal schaut, was sich auf dem monastischen Pfad so ergibt und man irgendwann auch wieder aussteigt, wenn es einem nicht mehr passt? Wer mit dieser Haltung anfängt, wird schnell wieder gehen. Nein, entscheidend ist das innere Verlangen, nach dem der Vater Abt bei der Einkleidung gefragt hat. Und das hat man nicht in der Hand, es kommt von Gott. Die Tatsache, dass man ein solches Verlangen empfinden *kann*, ist für mich der beste Gottesbeweis, den es gibt. Ich werde heute nämlich immer noch wütend. Wütend auf meine Mitbrüder, auf die Gäste, die zu laut sind und uns Mönche dadurch stören, auf Gott, der mir oft nicht zu Hilfe zu kommen scheint und der die Welt zu einem ungerechten Ort verkommen lässt … Es wird aber mehr und mehr eine heilige Wut, denn Gott hat sie in ein Verlangen gewandelt, das mich bis heute im Kloster bleiben lässt. »Gott« ist für mich wieder einmal das Wort, das dieses Verlangen am besten umschreibt, ich weiß kein besseres und belasse es daher gerne dabei. Nur »Gott« verändert das Leben und die Welt.

II.

Dienst an Gott

4 Struktur

Die Klosterglocke geht mir manchmal ganz schön auf die Nerven. Es passt oft nicht in meinen persönlichen Terminplan, dass regelmäßig die Glocke läutet und mich zum Gottesdienst ruft. Wenn ich in meiner Zelle arbeite, einen Aufsatz oder Vortrag vorbereite oder ein Buch schreibe, dauert es oft, bis die Ideen sprudeln. Dann aber muss man die Zeit nutzen, denn es ist nicht leicht, die eigene Kreativität anzuzapfen. Genau in dem Moment ertönt die erste Glocke und ruft zur Vesper. 16.50 Uhr. Mitten im arbeitsamen Nachmittag! Nervös rutsche ich auf dem Schreibtischstuhl in meiner Zelle hin und her. »Gerade habe ich eine gute Idee. Ich muss sie unbedingt festhalten, damit ich gleich nach dem Gottesdienst weiterschreiben kann. Die Idee wird bestimmt noch da sein.« Schon ertönt die zweite Glocke. 16.55 Uhr. Dann muss ich wirklich los, sonst würde ich zu gehetzt in der Kirche ankommen oder gar zu spät sein. Trotz der Eile gelingt es mir eigentlich immer, in der Vesper Ruhe zu finden und das Offizium, das monastische Stundengebet, zu singen. Merkwürdig eigentlich, denn bei Sitzungen an der Uni, zu denen ich mich hetzen muss, bin ich oft im Geiste nur halb anwesend. Der Gottesdienst hat eine Ausstrahlung, die mich den Moment voll und ganz erleben lässt, auch wenn ich vorher nicht bei der Sache war und mich zwingen musste, weil mich die Glocke störte.

Nun, die Idee ist eigentlich immer weg, wenn ich zurück in meine Zelle komme. Die Routine hat mir scheinbar die Kreativität geraubt. Aber nicht selten kommt auf einmal etwas ganz Neues zum Vorschein, woran ich vorher überhaupt nicht gedacht hatte. Das ist eine andere Art von Kreativität, die mich überrascht, weiterbringt und meiner Arbeit einen neuen Impuls gibt. Das hört sich nach einer guten Arbeitsorganisation an. Eine Art »Refreshment« für ausgepowerte Autoren. Gäste, die zu uns kommen, um eine Diplomarbeit oder Dissertation abzurunden, sagen es so: »Das ist der ideale Arbeitsrhythmus. Die Gottesdienste bieten eine Struktur, die mir das Gefühl gibt, unendlich viel Zeit zu haben. Ich schaffe hier in drei Tagen so viel wie ansonsten in einer ganzen Woche.« Natürlich freue ich mich, wenn es den Gästen bei uns gefällt und ihr Aufenthalt im Kloster fruchtbar für sie ist. Allerdings haben sie die Irritation der Klosterglocke, die Unruhe, die sie zunächst auslöst und die dann doch immer wieder von der liturgischen Ruhe des Gottesdienstes abgelöst wird, *nicht* erfahren. Schade, denn der Übergang von Hetze zu heiliger Andacht setzt voraus, dass man die Struktur nicht einfach nur schön oder angenehm findet. Sie muss auch gegen den Strich gehen.

Die Reihenfolge ist nämlich nicht, dass die Gottesdienste den Tätigkeiten, die man im Kloster ausübt, Struktur geben. Nein, *alles* richtet sich nach den Gottesdiensten. Ein kleiner, aber feiner Unterschied. Liturgie ist nicht Ordnungsprinzip oder beruhigende Unterbrechung, sondern Kern und Ziel. Wenn Leute mich heute fragen, was meine wichtigste Tätigkeit im Kloster sei, verweise ich auf die Liturgie. Sie fragen dann verstohlen: »Nein, ich meinte eigentlich, was du *wirklich* machst …« Ich kann diese Frage durchaus verstehen. Man kann sich außerhalb eines liturgischen Lebens nicht vorstellen, dass der Gottesdienst den Kern des Lebens bildet. Ich erkläre dann ganz praktisch, dass wir Mönche »locker dreieinhalb Stunden pro Tag damit beschäftigt sind«. Wenn man die Pause hinzurechnet, ist das doch immerhin schon eine halbe Stelle. Da kommen andere Dinge gerne schon mal an zweiter Stelle, so komisch sich das auch anhören mag.

Wenn ich also nach der Vesper wieder an meinen Schreibtisch zurückkehre, geschieht etwas Neues. Könnte ich diesen
Effekt außerhalb des Klosters nicht auch erzielen, wenn ich
den Wecker auf 17.00 Uhr stelle und dann eine halbe Stunde
um den Block laufe? Ich kenne Kollegen, die das so machen.
Sie bauen regelmäßige Pausen in ihren Schreiballtag ein, um
einem »Maus-Arm« vorzubeugen und den Kopf wieder frei
zu bekommen. Ist die Liturgie nicht auch damit vergleich-
bar? Auch sie schützt vor Überarbeitung und sorgt für Ab-
lenkung.

Meine Erfahrung ist das ganz und gar nicht. Gerade die
Kreativität, die nach der Vesper freigesetzt wird, ist für mich
immer wieder so überraschend, dass ich sie nur als »Gottes-
Dienst« verstehen kann: in einem rituellen Rahmen, in dem
sich Gottes explosive Kraft in uns entfaltet. Kreativität strömt
für mich aus der Liturgie heraus in mein Leben hinein. Das
wäre nicht so, wenn ich einfach etwas anderes zwischendurch täte. Die Irritation, ja die Wut, die die Klosterglocke
in mir hervorruft, wäre nicht so groß, wenn ich einfach in
die Pause gerufen würde. Die Liturgie nimmt einen in eine
andere Sphäre mit, und darum muss man ganz anwesend,
ganz bei sich selbst, ja, ganz bei Gott sein. Das gelingt nicht
halbherzig, zwischendurch. Natürlich bin ich nicht immer
gleich intensiv bei den Gottesdiensten zugegen. Jeder ist mal
abgelenkt. Aber die Struktur der Liturgie macht es unmöglich, mit dieser Einstellung die Kirche zu betreten und erst
recht, sie so zu verlassen.

Die »Antistruktur«, von der in Ritualen die Rede ist, bewirkt in mir Geistesblitze, die ich empfange, aber nicht planen kann. Sie passieren mir. Ich kann sie auch nie rein rational erklären. Wenn ich mich in ein Thema hineinsteigere,
mich richtig darin festbeiße, dann hilft es nicht, einfach mal
ein halbes Stündchen abzuschalten. Es bedarf der Liturgie,
damit meine Verbissenheit in Kreativität verwandelt wird.

Im Konvent, im Umgang mit meinen Mitbrüdern, merke ich dasselbe. Die Liturgie unterscheidet sich grundsätzlich von einem kurzen »Timeout« bei einem Konflikt. Wenn ich mich in einen Konflikt verrenne, dann wird er durch die Liturgie für mich zur Quelle des Miteinanders. Nicht dass alles gleich wieder »Friede, Freude, Eierkuchen« wäre. Aber es eröffnet sich eine andere Perspektive, die transzendent, heilig ist. Und so hat sich schon manche Wut in eine heilige Wut gewandelt, die statt Destruktivität Kreativität freisetzte.

Tagesordnung

So begeistert man beim Gottesdienst auch bei der Sache sein mag; wenn man sich im Kloster an eines gewöhnen muss, so ist es die Tagesordnung. Was von außen vielleicht noch wie »Klosterromantik mit mystischem Flair« erscheinen mag, wird früher oder später zu echter Arbeit. Benedikt schreibt eine sehr genaue Ordnung der Gottesdienste vor, die er vollkommen zu Recht als »Arbeit« bezeichnet, eine Arbeit für Gott (*opus Dei*). Das Zeichen zum Gottesdienst, die bereits erwähnte Klosterglocke, ist eng mit der Klosterspiritualität verbunden: »Hört man das Zeichen zum Gottesdienst, lege man sofort alles aus der Hand und komme in größter Eile herbei.« (RB 43,1) Worum es auch immer gehen mag, nichts ist so wichtig, dass es als Entschuldigung durchgehen könnte, zu spät zum Gebet zu kommen. Das ist starker Tobak. Denn in der heutigen Zeit sind wir daran gewöhnt, ja beinahe darauf gedrillt, unsere Prioritäten *flexibel* zu setzen und uns den Erfordernissen der jeweiligen Situation anzupassen. Als »Multitasker« sind wir zudem beinahe kontinuierlich mit mehreren Dingen zugleich beschäftigt. Warum sollte ich also alles stehen und liegen lassen, wenn etwas anderes zu erledigen ist?

Damit aber noch nicht genug. Benedikt fordert noch mehr als einfach nur das Erscheinen zum Gottesdienst in größter Eile. Das lateinische Wort (*currere*) bedeutet »rennen«. Das setzt nach unserem heutigen Verständnis eine gewisse Prise Humor, Leichtigkeit und Spiel voraus. Doch nichts da:»Mit Ernst, um nicht Anlass zu Albernheiten zu geben« (RB 43,2), soll man zum Gottesdienst schnellen. Jegliches Augenzwinkern scheint unserem Mönchsvater fremd zu sein. Passt das zu einer gesunden, ausgewogenen Tagesordnung? Man kann diese unbedingte Priorität nur verstehen, wenn man sich darauf besinnt, dass der Gottesdienst für den Mönch nicht einfach irgendeine Tätigkeit ist.

Das Primat des Gottesdienstes gilt nicht nur am Sonntag oder einmal am Tag, sondern immer. Leben und Liturgie bilden eine Einheit. Die Struktur richtet sich durchaus nach den Jahreszeiten. Im Winter stehen die Mönche später auf:»Im Winter, das heißt vom ersten November bis Ostern, soll man zur achten Stunde der Nacht aufstehen. Das entspricht vernünftiger Überlegung. So können die Brüder etwas länger als die halbe Nacht schlafen und dann ausgeruht aufstehen.« (RB 8,1–2) Diese Flexibilität dient dazu, die geistige Anwesenheit in den Gottesdiensten zu intensivieren, keineswegs um eine laschere Haltung zu ermöglichen. Rigide Strukturen können einerseits attraktiv sein, sie können aber auch abstoßen. Jeder reibt sich an ihnen, früher oder später.

Nichtsdestotrotz bietet der Tagesablauf Ankerpunkte in einer ansonsten formlos dahinströmenden Zeit. Der niederländische Dichter Jan Wit schreibt:»Wer die Gezeiten verwahrlost, wird von der Flut überschwemmt.« Diese Aussage beschreibt die Erfahrung vieler Mönche. Man ist erst in der Lage, sich in den Zeiten zwischen den Gottesdiensten der Arbeit oder der Lesung zu widmen, wenn es einen rituellen Rahmen gibt. So störend die Klosterglocke zuweilen auch sein mag, sie verhindert ein uferloses Leben. Sie ist das hinderliche Element in der selbstgefälligen Organisation meiner ach so wichtigen Aufgaben und Projekte. Sie ist der Weckruf Gottes in einer ansonsten entzauberten Zeit. Ja, sie ist der Zauber, der jedem einzelnen Moment innewohnt.

Erfahrung

Wie erfahre ich selber heute die klösterliche Tagesordnung?
Ich muss zugeben, dass es nicht jeden Tag meiner spontanen
Neigung entspricht, früh aufzustehen. Ich war nie wirklich
ein Langschläfer. Aber wer genießt nicht die Freiheit, zum
Beispiel am Wochenende ein Stündchen länger zu schlafen?
In unserem Kloster beginnen wir mit dem ersten Gottesdienst, dem Frühchor, um 6.15 Uhr. Das ist recht human. In
vielen anderen Klöstern ist es noch erheblich früher. Ich habe
mich anfangs daran gestört, dass der Beginn nicht früher
war. »Ist das nicht eine lasche Klosterdisziplin, wenn man es
nicht einmal aufbringen kann, die Nacht wirklich spürbar
zu verkürzen?«, kritisierte ich. Das alte Mönchsideal des Wa-
chens erschien mir hier kaum umgesetzt. Ein älterer Mitbruder holte mich schnell auf den Boden der Tatsachen zurück.
»Wenn du einmal eine gewisse Erfahrung hast, dann merkst
du, dass man nicht mehr wollen sollte, als auf Dauer gesund
ist.« Ich hasste diesen Satz, hatte ich ihn doch schon oft zu
hören bekommen. Er schien mir eine billige Ausrede zu sein,
um nicht früh aufstehen zu müssen. Das galt umso mehr, als
ich erfuhr, dass man die recht späte Zeit eingeführt hatte, als
nur wenige Mönche in der Abtei lebten, die alle schon ein wenig älter waren. Sie brauchten ihren Schlaf. Wurde es dann
nicht Zeit, es wieder zu ändern, jetzt wo wieder neue Mitbrüder eingetreten waren und die »Personaldecke« besser war?

Zwei Dinge habe ich an diesem Punkt schmerzlich erfahren müssen. Erstens: man sollte im Kloster nie davon ausgehen, dass sich Dinge schnell ändern lassen, schon gar nicht so
etwas Grundlegendes wie die Tagesordnung. Zweitens: man
sollte die Erfahrung älterer Mitbrüder nie einfach so in den
Wind schlagen. Beide Erkenntnisse sind mir nicht leichtge-
fallen. Als junger Uniprofessor war ich eher daran gewöhnt,
Dinge effektiv und zügig umzusetzen, wenn ich sie evalu-
iert hatte. Diese Evaluation basierte so gut wie nie auf Auto-
ritäts- oder Erfahrungsargumenten, sondern auf rationalen

Gründen, so meinte ich zumindest. Langfristig haben sich aber schon manche scheinbar rationalen Abwägungen als Trugschluss herausgestellt. Nach zwanzig Jahren an meiner Fakultät habe ich schon diverse Änderungen im Kurrikulum kommen und gehen sehen. Irgendwann erkennt man auch hier, dass eine gewisse Zurückhaltung und ein gewisser Respekt gegenüber der Erfahrung anderer durchaus sinnvoll sein können, ganz unabhängig von der eigenen momentanen Einschätzung.

Im Kloster lernt man das, ob man will oder nicht. Der Grund dafür ist übrigens nicht nur, dass Klöster behäbige, hierarchische Organisationen wären. Wichtiger ist, dass der Tagesablauf stark rituell inszeniert ist. Und Rituale ändern sich nicht so schnell. Sie kennen eine gewisse Trägheit, insbesondere, wenn es um Religion geht. Der französische Soziologe Émile Durkheim hebt als wichtigste Funktion der Religion hervor, dass sie »für Zusammenhalt sorgen muss« (*Kohäsion*).[9] Dieser Zusammenhalt schweißt die Mitglieder einer Gruppe zusammen. Er setzt Stabilität voraus, auf die man sich verlassen kann. Natürlich klingt das heutzutage ein bisschen weltfremd. Aber sind Klöster nicht bewusst ein Kontrapunkt zur »normalen Welt«? Ihre Trägheit hat mich oft genug zur Weißglut gebracht, und sie tut es bis heute. Die Kunst besteht dann darin, sich nicht frustriert zurückzuziehen, sondern einen Weg zu finden, mit der gegebenen heiligen Tagesordnung zu leben und sie, so Durkheim, auf sein eigenes profanes Leben zu beziehen. Für mich bedeutete das, jeden Tag eine halbe Stunde vor dem Frühchor für eine stille Meditation in der Kirche zu sein. Das gehört bis heute zu meinem Tagesablauf, es ist mir eine sehr wichtige, heilige Zeit geworden. Sie ist das Ergebnis der Trägheit unseres Klosters, an der ich mich gerieben, die ich aber akzeptiert habe.

Wir beten dann um 7.30 Uhr die Laudes und um 9.30 Uhr feiern wir Eucharistie, die unter der Woche bis ungefähr 10.15 Uhr dauert. Der komplette Vormittag ist dadurch liturgisch geprägt. Wenn meine Studenten mich besuchen, sagen manche scherzhaft, sie hätten hier »an einem Vormittag mehr Liturgie erlebt als normalerweise im ganzen Jahr«. Das gilt natürlich nur für jene, die nicht kirchlich aktiv sind. Aber sie haben recht: der Vormittag ist vollkommen vom Gottesdienst bestimmt. Das kostet viel Mühe. In manchen Klöstern hat man sich darum dafür entschieden, die Eucharistiefeier mit einem der anderen Gottesdienste zu kombinieren. Dann hat man den Vormittag für andere Dinge zur Verfügung. Ich habe das immer respektiert, aber mir ist unsere Lösung sympathischer: Die Messe gibt den Tagesrhythmus vor. Es hat auch den Vorteil, dass man die Zeit vorher, von 8.15 bis 9.15 Uhr für die geistliche Lesung reservieren kann. Geistliche Lesung (*Lectio Divina*) ist, neben dem Gebet und der Arbeit, die wichtigste Aufgabe eines Mönchs. Nur allzu schnell gerät sie aus dem Blickfeld, wenn man viel zu tun hat.

Die straffe Tagesordnung basiert also nicht nur auf praktischer, sondern auch auf spiritueller Erfahrung. So lesen wir in der Regel: »Müßiggang ist der Seele Feind. Deshalb sollen die Brüder zu bestimmten Zeiten mit Handarbeit, zu bestimmten Stunden mit heiliger Lesung beschäftigt sein.« (RB 48,1) Die Seele lebt von einer ausgewogenen Beschäftigung. Als Novize habe ich mich oft gefragt, warum der Gottesdienst in diesem Kapitel der Benediktsregel nicht gesondert genannt wird, sondern nur die Arbeit und die Lesung. Inzwischen beginne ich zu verstehen, dass das liturgische Gebet nicht einfach nur einer der drei Pfeiler des benediktinischen Tagesablaufs ist. Es ist, wie schon gesagt, auch nicht einfach ein Einteilungsprinzip. Benedikt braucht es nicht mehr gesondert zu nennen. Es ist so zentral, dass es in allen anderen Tätigkeiten mitschwingt.

Außenwirkung

Viele Menschen erhoffen sich heute von der klösterlichen Weisheit einen Leitfaden für ihr eigenes Leben außerhalb des

Klosters. Dabei geht es um »die Ruhe und die Regelmäßigkeit«. Anhand von kurzen meditativen Momenten wird versucht, sich einen ausgewogenen Tagesplan zu erstellen. Das ist sicher gut und richtig. Noch wichtiger erscheint mir aber, dass man neben der praktischen Zeiteinteilung über den spirituellen Grundsatz nachdenkt. Es bedarf eines liturgischen Grundtons im Leben, eines »ununterbrochenen Gebets«, wie es schon die frühen Mönche suchten. Dieses verdichtet sich in einigen Momenten zum liturgischen Gebet. Aber wenn es in unserem Leben keinen Nährboden findet, bringt die schönste Verdichtung nichts. Was könnte in unserer heutigen Zeit ein solches Gebet sein? Patentrezepte wird man dafür im Kloster nicht finden.

Nach meinem Dafürhalten kann es durchaus Sinn haben, nach einem eigenen Gebetsmodus zu suchen. Das müssen Mönche und Nonnen übrigens auch. Das Stundengebet folgt im Kloster zwar einem vorgegebenen Muster, aber es ist keineswegs für jeden gleich. Jeder verbindet damit etwas anderes und es füllt es auf seine Weise. Der eine legt großen Wert auf das Singen. »Wer singt, betet doppelt«, sagt Augustinus. Es gehört zum Leben des Mönchs wie Essen und Trinken. Es ist für mich bis heute eine der wunderbarsten Erfahrungen, dass wir unser Staunen über das Wunder des Lebens, über unser eigenes Leben und über die ganze Schöpfung, heraus*singen* dürfen. Mich berührt es, ein singendes Leben zu führen, und ich genieße es, jeden Tag Stunden mit Singen verbringen zu können. Das gilt in gewissem Sinne für jeden meiner Mitbrüder, aber wir sind alle keine »Meistersinger«. Wichtig ist, dass wir uns trotz der unterschiedlichen Stimmen und musikalischen Fähigkeiten zu einem harmonischen Klang vereinen.

Andere finden die Momente der Stille wichtiger. Mönche suchen die Stille. Wir haben in unserer Klostergemeinschaft mitten im Gottesdienst – um genau zu sein, nach den ersten Psalmen – jeweils eine Stille von zwei bis drei Minuten. Das hört sich kurz an. Wenn man es aber am eigenen Leib in der

Kirche erlebt, ist es durchaus lang. Für mich ist das ein ganz wichtiger Moment. Jeder Mitbruder verbringt diese Minuten anders, auch wenn es nach außen gleich aussieht. Wir reden als Gemeinschaft selten darüber, weil es sehr intim ist, was sich im Innern während der stillen Momente tut. Jeder findet sie wertvoll, und doch ist der eine ein eher »meditativer Typ«, der andere nicht. Wichtig ist nur, dass wir gemeinsam wirklich still sind. So gilt es auch für diejenigen, die mit Gesang und Stille ihr eigenes Gebetsleben und ihren eigenen Tagesablauf außerhalb des Klosters speisen wollen. Was ist möglich? Was entspricht der eigenen Natur? Man kann sicherlich nicht im Büro auf einmal anfangen, aus voller Brust zu singen. Und in einer Familie mit kleinen Kindern mag es zuweilen schwer sein, Momente der Stille zu finden. Dann bedarf es der rituellen Kreativität, um eine klösterliche Struktur im eigenen Leben zu finden.

Rituelle Kreativität

Rituelle Kreativität bedeutet nach Ronald L. Grimes, »dass man seine eigene Form der Tradition erschafft, die zwar von vorgegebenen Mustern abweichen kann, aber keineswegs im Gegensatz zu ihnen steht«.[10] Vielleicht müssen wir *Gesang* und *Stille* daher außerhalb des Klosters auch eher als symbolische Begriffe verstehen. Es geht um die Haltung des Singens, nicht um ein Pflichtprogramm. Wir müssen unserem Staunen Ausdruck verleihen. Ebenso ist die Haltung der Stille wichtiger als die Anzahl der Minuten, die man sich tatsächlich zurückziehen kann. Solange man nur den Grundsatz nicht vergisst, innere und äußere Ruhe ins Gleichgewicht zu bringen. Benedikt ermutigt uns indirekt dazu. Er schreibt genau vor, wie man die Psalmen während einer Woche alle rezitieren soll. Als »Normalsterblicher« denkt man: »Das schaffe ich nie, das ist für mich unrealistisch.« Am Ende der detaillierten, scheinbar in Stein gemeißelten Vorschriften lesen wir dann auf einmal: »Wir machen ausdrücklich auf folgendes aufmerksam: Wenn jemand mit dieser Psalmenordnung nicht einverstanden ist, stelle er eine andere auf, die er für besser hält. Doch achte er unter allen Umständen darauf, dass jede Woche der ganze Psalter mit den 150 Psalmen gesungen wird und zu den Vigilien am Sonntag stets von vorne begonnen wird. Denn Mönche, die im Verlauf einer Woche weniger singen als den ganzen Psalter mit den üblichen *Cantica* [Biblischen Gesängen], sind zu träge im Dienst, den sie gelobt haben. Lesen wir doch, dass unsere heiligen Väter in ihrem Eifer an einem einzigen Tag vollbracht haben, was wir in unserer Lauheit wenigstens in einer ganzen Woche leisten sollten.« (RB 18,22–25)

Die Tages- und Wochenordnung ist also nicht als Begrenzung gedacht, im Gegenteil, man ist vollkommen frei. Man braucht aber eine Untergrenze, um Willkür zu vermeiden. Der Psalmengesang braucht die Stille, und die Stille braucht einen Rahmen, eine konkrete Gebetshandlung. Dass wir die Tradition des Psalmengebets haben, ist ein unglaublicher Reichtum. Aber vielleicht sind auch ganz andere Zutaten hilfreich für uns. Diese sollten jedoch nicht willkürlich sein. Denn eine willkürliche Tagesordnung verschwimmt innerhalb kürzester Zeit. Und sie wird der Tradition, der Weisheit der Väter, nicht gerecht.

Raum

Man braucht nicht nur Momente im Laufe des Tages, an denen man seine Haltung ganz auf das Wesentliche richtet, sondern auch einen Ort. Das wird viel zu oft vergessen, wenn wir versuchen, alle Bereiche unseres Wohnraums, unserer Büros, Werkstätten und Hobbyräume multifunktional einzurichten. Wenn man in einer Klosterzelle wohnt, die nicht besonders groß ist, wird man ein Meister darin, die einzelnen Ecken der Quadratmeter für unterschiedliche Dinge zu nutzen. Nichts spricht dagegen. Laut der Regel Benedikts müssen wir nur *einen* Raum wirklich exklusiv reservieren, und zwar den liturgischen: »Das Oratorium [der Gebetsraum] sei, was sein Name besagt, Haus des Gebets. Nichts anderes werde dort getan oder aufbewahrt. Nach dem Gottesdienst gehen alle in größter Stille hinaus und bezeugen Ehrfurcht vor Gott. So wird ein Bruder, der noch für sich allein beten möchte, nicht durch die Rücksichtslosigkeit eines anderen daran gehindert.« (RB 58,1–3)

Warum wird im Kloster so ein großer Wert darauf gelegt, dass in der Kirche wirklich nichts anderes stattfindet als Gottesdienste? Es scheint die reinste Platzverschwendung zu sein. Könnte man den Raum nicht auch für geistliche Vorträge nutzen? Nein, sagt Benedikt, nicht einmal um auszuruhen soll man sich darin aufhalten. Man muss sich das einmal auf der Zunge zergehen lassen: Das Gebet, jene Tätigkeit, die vielen Gästen nicht als wirkliche Beschäftigung, sondern eher als Ruhephase nebenher erscheint, bekommt einen eigenen Raum. Für mich ist es ein starkes Zeichen, dem Gebet in unserem Alltag Raum zu geben und ihm zugleich einen festen physischen Ort zuzuweisen. Wenn es diesen Ort nicht gäbe, würde es auch aus unserem Alltag und damit aus unserem Tagesablauf verschwinden.

Der amerikanische Religionswissenschaftler Jonathan Z. Smith sieht die wichtigste Aufgabe von Ritualen darin, Dingen »einen Ort zu geben«.[11] So gilt es auch für das Gebet: jene verdichteten Momente im Laufe des Tages, an denen wir innehalten, uns öffnen, empfänglich sind und vielleicht eine überraschende Kreativität erfahren, die wir nie für möglich gehalten hätten. Wo finden wir diese Orte außerhalb der Klostermauern? Ich stelle fest, dass sakrale Räume in unserer Gesellschaft überall zur Disposition stehen. Kirchen werden geschlossen und in öffentlichen Einrichtungen wie Krankenhäusern wird um jeden Zentimeter gerungen, denn Raum kostet Geld. Wer soll eine Krankenhauskapelle bezahlen, wenn kaum noch Menschen sie besuchen? Benedikt lehrt uns, dass wir die Möglichkeit offenhalten müssen, egal wer wie oft hineingeht. Denn diejenigen, die einen Ort brauchen, an dem sie ihren Anker im Laufe des Tages auswerfen können, dürfen nicht »durch Rücksichtslosigkeit daran gehindert werden«. Wie oft bin ich selber rücksichtslos. Meinen Mitbrüdern, aber auch mir selbst gegenüber, wenn ich doch bei einer Führung durch die Abtei allzu lange in der Kirche bleibe und sie als eine Art Vortragsraum »entzwecke«. Wenn Leute hereinkommen, um zu beten, gehen sie verlegen wieder nach draußen. Wenn ich es bemerke, schäme ich mich.

Nacht

Wenn der Tag sich neigt, gehen wir in die Nacht. Das heißt bei uns, dass wir um 20.30 Uhr die Komplet singen. Diese hat jeden Tag dieselbe Form: Zunächst erfolgen Gewissenserforschung und Schuldbekenntnis. Viele Besucher finden das merkwürdig: »Warum beendet ihr jeden Tag mit dem Bewusstsein eurer Schuld?« Ich antworte meistens darauf, dass es nicht darum geht, wie viel man falsch gemacht hat. Vielmehr muss man, bevor die Nacht beginnt, alles loslassen, auch und gerade das, was nicht so gut gelaufen ist. Wie könnte das besser gelingen, als es Gott in die Hände zu legen? Es ist jeden Abend eine befreiende Erfahrung, dass ich alles Revue passieren lassen und es loslassen darf. Das ist etwas anderes, als noch einmal alles zu evaluieren. Nur durch eine Geborgenheit, die das Irdische übersteigt, kann ich dieses Vertrauen aufbringen. Diese Geborgenheit ist für mich Gott. Wir singen danach jeden Abend dieselben drei Psalmen. Sie bringen Gottes Fürsorge zum Ausdruck. Zu ihnen gehört Psalm 91, in dem dieses Gottesbild wunderbar besungen wird: »Der du wohnst im Schutz des Höchsten, im Schatten des Allmächtigen weilst: Sage zum Herrn: Du meine Burg, meine Zuflucht, mein Gott, auf den ich vertraue!« (Ps 91,1–2).

Nach dem Psalm folgt der Lobgesang des Simeon: »Nun entlässt du deinen Diener, Herr, nach deinem Wort in Frieden; denn meine Augen haben dein Heil gesehen, das du vor allen Völkern bereitet hast, ein Licht zur Offenbarung für die Heiden und als Herrlichkeit für dein Volk Israel.« (Lk 2,29–32) Das Urvertrauen, das der greise Simeon im Tempel besingt, als Jesus dort von seinen Eltern präsentiert wird, ist die Grundlage der Stille, die wir – wie schon angedeutet – im Laufe des Tages im Kloster erleben und die auch die Nacht bestimmt. Benedikt schreibt: »Immer müssen sich die Mönche mit Eifer um das Schweigen bemühen, ganz besonders aber während der Stunden der Nacht.« (RB 42,1) Niemandem wird hier willkürlich der Mund verboten. Vielmehr ist der Eifer derselbe, der mich jeden Tag beim Läuten der Klosterglocke doch wieder Richtung Kirche eilen lässt, so wichtig und gut die Gedanken auch waren, mit denen ich gerade beschäftigt war. Die Struktur des Lebens ist im Kloster keine Fassade. Ohne das Urvertrauen auf Gott, das einen singen lässt und durch das man auch die Stille aushalten kann, würde sie zur bloßen Fassade werden.

Dass es Mitbrüder gibt, die schon seit Jahrzehnten in dieser Struktur leben und flexibel genug sind, erst um 6.15 Uhr morgens anzufangen, aber diszipliniert genug, die liturgischen Vormittage so konsequent durchzuhalten, wie ich sie täglich erlebe, das ist für mich ein enormer Ansporn. Ich will die Klosterglocke trotz der Hetze in mir verinnerlichen. Die Kreativität, die ich ihr verdanke, ist dabei nicht mein Ziel. Sie ist ein Nebeneffekt. In erster Linie geht es darum, zu tun, was jeder tun muss: singen und in Stille verweilen. Wenn ich beobachte, wie ganz unterschiedliche Menschen dies in unserem Kloster mit uns Mönchen erleben, dann bin davon überzeugt, dass Singen und in Stille Verweilen universale menschliche Bedürfnisse sind. Wenn ein Gast mir sagt, dass er »das zuhause auch versuchen wird«, dann denke ich an die innere Haltung, um die es geht. Ich wünsche ihm das Urvertrauen, das seine Hetze in Ruhe und seine Wut in eine innige Verbundenheit mit der Welt verwandelt. Jeden Morgen aufs Neue, und jeden Abend in aller Stille, jeder auf seine eigene Art und Weise.

5 Bedeutung

Die erste kleine Sinnkrise meines noch jungen Mönchlebens bestand darin, dass ich in den Gottesdiensten längst nicht immer eine Bedeutung entdecken konnte. Sechs Mal am Tag saß ich in der Kirche. Die Struktur war sakrosankt, aber der tiefere Sinn erschloss sich mir nicht. Ich kam nicht über eine allgemeine mystische Aura hinaus, die am Anfang ihren Reiz hatte, irgendwann aber doch die Frage lebensgroß werden ließ, welchen Inhalt ich hier eigentlich besang. In meiner bisherigen katholischen Erziehung hatten die Psalmen keine wirklich große Rolle gespielt. Auch in den Gottesdiensten, die ich in der Pfarrgemeinde erlebt hatte, war der Psalm längst dem Antwortgesang gewichen, einem Kirchlied, das passend zum Inhalt des Evangeliums aus dem »Gotteslob« ausgewählt wurde. Mehr oder weniger passend, wie ich aus heutiger Sicht sagen würde. Das Kriterium für meinen Zugang zu den Psalmen war, wenn überhaupt, eher inhaltlich oder biographisch. Sie referierten für mich an keine Kindheitserinnerungen, keine Gebetspraxis aus meiner Jugend. In der Klosterkirche konnte ich daher nur selten eine Verbindung zwischen Gesang und biblischer Bedeutung erleben. Und nach den ersten Monaten störte mich das ungemein. Meine Suche schien ins Leere zu laufen.

Für einen Mönch ist das eine Sinnkrise im wahrsten Sinne des Wortes, denn irgendwann sieht man im eigenen Alltag keinen Sinn mehr. Ich war und bin daran gewöhnt, den Sinn dessen, was ich tue, klar benennen zu können. Wenn ich zum Beispiel eine bestimmte Musik höre oder einen Roman lese, dann ordne ich das Werk in einen Zusammenhang ein. Ich kann intellektuell oder emotional erfassen, was die Faszination für mich bedeutet. So beschäftigte ich mich während meiner »Psalmenkrise« seit längerem wieder mit der

Musik der Romantik. Natürlich saß ich nicht immer neben dem CD-Spieler und analysierte während des Hörens die Kompositionstechniken oder die Einspielung. Aber ich war in der Lage dazu, und das fügte meinem Verständnis und meinem musikalischen Erleben eine entscheidende Komponente hinzu. Sollte das nicht noch viel mehr gelten, wenn es um die Haupttätigkeit ging, die ich im Kloster ausübte, nämlich das Psalmensingen? Die Gottesdienste bestehen zu einem großen Teil aus Psalmen. Wenn sich mir ihre Bedeutung nicht erschließen würde, was wäre dann noch der Sinn meines klösterlichen Lebens?

Ein Gespräch mit einem Mitbruder, der seit Jahrzehnten siebenmal täglich die Psalmen singt, schockierte mich nur noch mehr: »Unsere Gottesdienste haben keine ausdrückliche Bedeutung«, sagte er. Wie war das möglich? Konnten wir einen beträchtlichen Teil unseres Lebens mit etwas verbringen, das keine Bedeutung hat? Ich merkte, wie sehr ich ein Kind meiner Zeit und meiner Erziehung bin. So gerne ich mich assoziativen, kreativen und auch spielerischen Formen hingab, so wichtig war für mich doch ihre Bedeutung. Ich konnte meinen Verstand für eine Weile ausschalten, aber es war mir unmöglich, ganze Lebensbereiche von jeglicher Reflexion auszuklammern. Auch bei meinen Hobbys war ich eigentlich immer nur an Dingen interessiert, denen ich eine Bedeutung verleihen kann. Reine Spielerei reizte mich nicht. Das erzählte ich meinem Mitbruder, und er lächelte. »Mir geht es genauso«, entgegnete er. Ich verstand die Welt nicht mehr. »Vielleicht suchst du einfach die *falsche* Bedeutung«, fuhr er fort.

Psalmen

Gibt es so etwas wie die *falsche* Bedeutung eines Psalms? Ich hatte während meines Theologiestudiums einiges über die Psalmen gelernt. Und gerade dadurch hatte ich mit ihnen auch große Schwierigkeiten. Nicht, dass ich sie nicht verstand. Im Gegenteil, je besser ich sie verstand, umso weniger konnte ich mit ihnen anfangen, umso weniger Bedeutung hatten sie für mich. Bei bestimmten Passagen sehnte ich mich beinahe danach, die Gottesdienste hätten keine Bedeutung. Ich wünschte mir eine Sprache für den liturgischen Gesang, in der ich manchen Vers aus den Psalmen nicht verstehen würde.

Folgendes Beispiel hatte mich im Studium schon kolossal gestört. Der Psalmist zieht gegen seinen Kontrahenten zuweilen so richtig vom Leder: »Ihm seien beschieden nur wenige Tage, sein Amt erhalte ein anderer. Seine Kinder sollen werden zu Waisen, zur Witwe werde seine Frau.« (Ps 109,8–9) Ich bin ein überzeugter Pazifist, also möchte ich niemandem etwas Schlechtes wünschen, auch nicht jemandem, dessen Tun mir völlig verfehlt erscheint. Hier wünschte der Dichter dem »Frevler« buchstäblich die Pest an den Hals. Und damit nicht genug: auch die Kinder und seine Frau werden in den Fluch miteinbezogen. Das konnte und wollte ich nicht verstehen. Auch eine noch so versöhnliche Exegese konnte mich nicht überzeugen. »Vielleicht musst du die Verse auch nicht *erklären*, sondern *singen*«, sagte unser Kantor. Das konnte ich nicht! Ich regte mich zu sehr darüber auf. Zum Glück fiel mir schon nach kurzer Zeit auf, dass in unserem Konvent diese Verse schon seit geraumer Zeit nicht mehr gesungen wurden. Wir klammerten sie aus, überschlugen sie, wie es in vielen Klöstern bei allzu krassen Passagen üblich ist. Ich war also offensichtlich nicht der Einzige, dem es so erging. Die grundsätzliche Frage nach Bedeutung war damit aber natürlich nicht aus der Welt.

Konnte sich mir aus diesen Texten eine Bedeutung erschließen, die meiner Teilnahme an den Klostergottesdiensten Sinn verlieh? Oder war ich auf dem Holzweg? Beim Singen entstehen zum Glück zuweilen Assoziationen, die man vorher nicht hatte. Bei den Versen, die jemandem »die Pest an den Hals wünschen«, konnte es auch um Anfeindungen gehen, die man im eigenen Leben erfährt. Jeder von uns kennt innere Schweinehunde, denen er den Garaus machen will oder zuweilen muss, um zu überleben. Denken wir an eine Sucht. Alle Menschen haben Süchte. Es muss dabei nicht gleich um harte Drogen gehen. Man kann süchtig nach allem Möglichen sein. Ich selber habe immer wieder mit Süchten zu kämpfen, die nach außen hin völlig »unschuldig« erscheinen. Zum Beispiel habe ich die Sucht zu kaufen. Ich bin ein großer Literatur- und Musikliebhaber. Wenn ich mich in einen Stil, ein Genre, vertiefe, schaffe ich viele Materialien an, die ich für meine Arbeit brauche, wie ich mir selber immer wieder bestätige. Irgendwann kommt dann aber der Punkt, wo das nächste Buch oder die nächste CD eigentlich nichts Neues mehr hinzufügen. Ich kaufe sie trotzdem.

Der schleichende Prozess, mir Dinge zuzugestehen, die zunächst gut für mich sind, wird zu einem Muss, zu einer Obsession, die es mir fast unmöglich macht, mich ganz in den Gottesdienst zu begeben. Was kann man dann tun? Man muss seine Gefangenschaft »anklagen«, wenn man sie erkannt hat. Der Psalm personalisiert dann vielleicht den inneren Schweinehund, den Zwang, die Sucht. Nur wenn man sie bekämpft, kann man ihrer Herr werden. Warum dann aber auch die »Kinder und die Ehefrau«? Weil wir alle nur allzu gut wissen, dass an die Stelle der einen Sucht oft eine andere tritt. Man muss etliche Kämpfe austragen, bis man im Gleichgewicht ist. Gott sei Dank hatten die Süchte, mit denen ich bis jetzt in meinem Leben zu kämpfen hatte, nie lebensbedrohliche Formen. Aber immer wieder bedrohen sie mein inneres Gleichgewicht, nicht nur als Mönch.

Psalmen sind Spiegel unserer inneren Regungen, unserer Freude, unseres Kummers, aber auch unserer Sucht, die wir bekämpfen. Es gibt keine innere menschliche Regung, keine Emotion, die in den Psalmen nicht zu sehen, zu erfahren, zu besingen wäre. Die Poesie der Psalmen verarbeitet, artikuliert und bringt alles vor Gott. Gerade dieser letzte Punkt hat sich mir nie wirklich erschlossen, bevor ich ins Kloster eingetreten bin. Vielleicht liegt da auch das Problem, das ich in meiner Klosterkrise mit der Bedeutung der Psalmen hatte und manchmal immer noch habe. Ich suche die Bedeutung im Text als solchem, den ich mit meinen eigenen Kategorien lese und analysiere. Dass ich mit diesem Text aber alles, was in mir ist, vor Gott offenlegen kann, vergesse ich dabei leicht. Ich fliehe sozusagen in die Analyse als Versteck, aber das funktioniert eben im Gottesdienst nicht wirklich.

Gotteslob

»Wir singen den ganzen Tag, weil unsere einzige Botschaft darin besteht, Gott zu loben«, sagte ein Mitbruder. Mir klang das viel zu erhaben. Ich hatte nicht das Gefühl, dass ich den ganzen Tag nichts anderes tun sollte, als »Ja und Amen« zu sagen. Ich komme aus einer Generation, wo man recht nüchtern mit dem Inhalt von Liturgie umgeht. Als Jugendlicher habe ich mit großer Begeisterung thematische Gottesdienste vorbereitet. Wir haben zu diversen Themen wunderbare Rollenspiele entwickelt und in den Sonntagsgottesdienst der Gemeinde integriert. Ökonomie, Ökologie, Pazifismus und Gleichberechtigung. All das waren Themen, die wir kritisch reflektierten und inszenierten. Ich identifiziere mich auch heute noch mit den meisten Inhalten aus jener Zeit. Aber die Psalmen spielten dabei keine Rolle. Wir brachten Gott als eine Art Garanten für die Richtigkeit unserer Statements ins Spiel. Wir dachten, ihn nicht loben zu müssen, sondern in Fürbitten und kritischen Liedtexten zu sagen, was richtig und was falsch war, so dass er die Welt nach unserem Dafürhalten würde ändern können. Gott war nicht Gott, sondern ein funktionales Argument.

Es war eine wunderbare und reiche Zeit. Wir vergaßen bei aller Begeisterung für unsere eigenen Themen aber jenes, das nicht in unserer Hand lag: für das Mysterium Gottes. Die Psalmen kehren die Reihenfolge um. Sie richten sich auf

Gottes Geheimnis, das alle Erfahrungen, die guten und die schlechten, übersteigt. Gotteslob heißt nicht, die Themen zu vergessen, die einem unter den Nägeln brennen, sondern sie vor Gott zu bringen. Das geht weder am Schreibtisch noch in einer Diskussionsrunde. Es ist nur singend möglich. Ich habe mich in dieser Zeit an einen alten Film über den Untergang der Titanic erinnert, den ich als Kind einmal gesehen hatte. Als klar war, dass das Schiff sinken und keine weitere Rettung mehr kommen würde, versammelten sich die restlichen Passagiere, eine riesige Menschenmenge, an Deck, und sie sangen! Ich bin mir heute sicher, dass es ein Psalm gewesen sein muss, den sie gesungen haben. Schon als Kind hat mich dieses Bild verstört und zugleich angerührt. Ich habe es nie vergessen.

So ein Gesang wird in der Klosterliturgie täglich versucht. Natürlich gehen wir nicht davon aus, dass wir morgen sterben werden, auch wenn das der heilige Benedikt durchaus von uns verlangt. In seiner Regel steht: »Den unberechenbaren Tod täglich vor Augen haben« (RB 4,47). Die Menschen auf dem Außendeck der Titanic hatten das ganz konkret, und sie sangen. Sollten wir dann nicht auch jene Psalmenverse, die unsere eigenen Süchte, Schweinehunde und Zwänge kleinkriegen wollen, singen können? Die Bedeutung der Psalmen kann nur eine Befreiung beinhalten, nie eine Abhängigkeit. Wenn sie uns klein macht, wenn wir die Texte unangemessen, grausam oder ungerecht finden, dann hat sich diese Befreiung noch nicht eingestellt. Vielleicht stellt sie sich auch nicht ein. Vielleicht doch. Wer weiß.

Sinnvoll

Ich suche in den widerspenstigen Teilen der Psalmen nach einer Bedeutung, die es rein verstandesmäßig für mich nicht geben kann. Alle 150 Psalmen bieten einen unerschöpflichen Reichtum an Artikulationen von Gotteslob, die man immer wieder neu, durch alle negativen und positiven Emotionen hindurch, entdecken kann. Verstehen ist dann keine Frage des Verstandes mehr, sondern des Tuns. Nicht was man sagt, ist entscheidend, sondern was man singt. Für einen Theologen mag das komisch klingen. Ich wundere mich selber, wenn ich es lese. Ich erinnere mich dann aber gerne an den größten Theologen der Fakultät in Nijmegen, Edward Schillebeeckx, der mir als jungem Studenten einmal sagte: »Es gibt viele Texte in der Liturgie, die ich als Theologe nicht erklären kann. Aber ich kann sie offen und ehrlich Woche für Woche *beten*.« Schillebeeckx benennt hier eine Ebene der Theologie, die weniger intellektuell als praktisch im wahrsten Sinne des Wortes ist. Die sogenannte *theologia prima* geht der gelehrten Analyse oftmals voran.

Ich habe mir als junger Mönch die Worte meines theologischen Lehrers zu Herzen genommen und weitergesungen. Auch wenn sich mir der Sinn vieler Psalmen bis heute nicht erschließt, haben sich doch einige geöffnet. Manche, weil sie mich in bestimmten Situationen ansprachen, zum Beispiel beim Tod von Familienangehörigen oder Freunden. Andere, weil sie mit meiner langsam wachsenden Erfahrung im Kloster verbunden sind. Für mich persönlich sind sie sinnvoll, aber ich weiß, dass sie es für Mitbrüder auf ganz andere Weise sind. Sie trotzdem gemeinsam singen zu können, ist ein Geschenk.

Der französische Theologe Louis-Marie Chauvet warnt davor, die Liturgie auf einen »moralischen Vortrag« zu verkürzen.[12] Sicher gibt es Moral in der Liturgie, und selbstverständlich kann sich die Bedeutung eines Bibeltextes ethisch erschließen. Wenn ich aber eine moralische Botschaft suche, dann kommt sie aus meiner eigenen Reflexion, meist erst im Nachhinein (*theologia secunda*). Wenn ich die Psalmen singe, habe ich – im Idealfall – absolut keine politische, soziale oder persönliche Agenda im Kopf. Das klingt vielleicht weltfremd, aber im Kloster ist es Realität. Wenn uns Gruppen in der Abtei besuchen, merke ich oft, wie ungewohnt das ist. Pfarrer,

die mit Gemeindemitgliedern kommen, bitten uns manchmal, zu Beginn der Vesper die Gruppe kurz zu begrüßen und
auf das Thema des jeweiligen Besinnungstages einzugehen.
Das machen wir grundsätzlich nie. Unser Gästebruder sagt:
»Gott hat die Leute eingeladen, *er* heißt sie auch willkommen. Dem haben wir nichts hinzuzufügen.« Das verstört auf
den ersten Blick, schafft dann aber auch viel Raum für das
Wesentliche.

Gottesdienst

Durch die sehr formale Gestalt des klösterlichen Gottesdienstes entsteht langsam aber sicher Bedeutung im eigenen Herzen. Der Prozess ist bei mir noch lange nicht abgeschlossen,
vielleicht wird er es nie sein. Aber ich spüre, dass mich die
Form zum Inhalt bringt. Komisch, hat man denn nicht erst
den Inhalt, und dann wählt man eine passende Form dazu?
Nein, bei mir ist es umgekehrt, zumindest was die Psalmen-
rezitation angeht. Das hat mit meinem Verständnis davon zu
tun, was Gottesdienst ist. In der Regel Benedikts gibt es klare
Hinweise, wie man Gottesdienst feiern und Psalmen singen
sollte: »Überall ist Gott gegenwärtig, so glauben wir, und die
Augen des Herrn schauen an jedem Ort auf Gut und Böse.
Das wollen wir ohne Zweifel ganz besonders dann glauben,
wenn wir Gottesdienst feiern.« (RB 19, 1–2) Gott kommt also
nicht näher zu uns, wenn wir frommer sind. Wohl sagt die
Regel, dass unser Glaube weniger gefährdet ist, wenn wir regelmäßig Zeit für das gemeinsame Gebet reservieren.
   Wir sind also keine besseren Menschen, wenn wir Gottesdienst feiern. Wir schaffen nur Raum dafür, das Gute zuzulassen. Dass Gott immer da ist, wie Benedikt uns glaubhaft
bezeugt, ist so wunderbar, dass nur ein Psalm die passende
Antwort sein kann. Mir hat diese Passage aus der Regel, die
ich im Noviziat immer wieder aufs Neue studiert und me-
ditiert habe, geholfen, den Sinn der Liturgie auch ohne eine

konkrete Message zu erkennen. Liturgie kommt noch vor der Message. Sie ist dazu da, Gottes Gegenwart zum Klingen zu bringen. Das macht einen Psalm aus. Am schönsten kommt das für mich in Psalm 139 zum Ausdruck:

Herr, du erforschest mich und du kennst mich.
Wenn ich sitze und wenn ich stehe, du weißt es.
Meine Gedanken schaust du von ferne, du schaust mich,
wenn ich gehe und ruhe;
all meine Wege sind dir vertraut.
Ehe noch auf der Zunge das Wort liegt, siehe, Herr,
schon weißt du um alles (Ps 139,1–4).

Das Singen des Psalms fügt dem Dialog zwischen Mensch und Gott eigentlich keine neue Erkenntnis hinzu. Was immer der Mensch singen würde, Gott weiß es schon. Selbst wenn es so sein sollte, dass Gott unsere kleine Mönchsgemeinschaft hier stehen sieht: Was hätten wir ihm zu sagen? Nichts! Aber das ist auch nicht nötig. Wir besingen Gott aus der Begeisterung heraus, dass er jeden Einzelnen von uns kennt. Ich empfinde das als eine unglaubliche Befreiung. Ich brauche mir keine Gedanken darüber zu machen, wie ich mich im Gottesdienst gebe, was ich singe oder sage und was nicht. In dieser Freiheit singen zu dürfen, gibt Kraft für die vielen anderen Lebenssituationen, in denen man durchaus genau wissen muss, was man tut und sagt.

Dennoch ist es nicht gleichgültig, wie ich im Gottesdienst bin, wie ich Mönch bin, wie ich lebe. Momente des Gesangs bieten die Möglichkeit, sich ganz auf das Wesentliche zu richten. Ich werde ganz offen für das, was jede Zwistigkeit und jedes Problem übersteigt. Benedikt rät daher: »Beachten wir also, wie wir dem Angesicht Gottes und seiner Engel sein müssen, und stehen wir so beim Psalmensingen, dass Herz und Stimme im Einklang sind.« (RB 19, 6–7) Interessanterweise sagt er an dieser Stelle nicht, wie wir uns im Alltagsleben verhalten sollen. Er bezieht sich ausschließlich auf das

Psalmensingen, wenn es darum geht, wie wir uns Gott öffnen können. Das ist keine Frömmelei, sondern betrifft den ganzen Menschen. Es ist der Einklang von Herz und Stimme, im Lateinischen der Einklang von Körper (*vox*) und Geist (*mens*), innen und außen, Form und Bedeutung. Es lässt sich nicht voneinander trennen. Nur wenn ich singe, bin ich wirklich im »Ein-Klang« mit mir selbst und mit Gott.

Ich habe mich oft gefragt, ob das überhaupt möglich ist. Kann ein Mensch wirklich so ausgeglichen im Gottesdienst sein und so balanciert leben? Ich glaube schon: indem er regelmäßig immer wieder singt, entsteht langsam diese Balance, diese spirituelle Ausgeglichenheit. Jene Momente, in denen das wirklich erfahrbar wird, sind kurz. Dann stellt sich die Frage nach der Bedeutung nicht mehr, dann *ist* das Leben sinnvoll. Menschen müssen sich für diese Momente bereithalten. Sie müssen Gott in die Hand legen, was mit ihnen passiert. So endet auch Psalm 139:

> *Durchforsche mich, Gott, und durchschaue mein Herz, prüfe mich und erkenne meine Gedanken! Und siehe, ob ich wandle den Weg des Verderbens, und führe mich den ewigen Weg! (Ps 139,23–24)*

Gottesbild

Wer ist dieser Gott, vor dessen Angesicht wir als Menschen stehen, wenn wir zu ihm singen? Es ist eine merkwürdige Vorstellung für moderne Zeitgenossen, dass es eine Art Übervater im Himmel gibt, der alles überwacht und quasi die Kontrolle über alles hat. Ich habe mich mit solchen Bildern, die manchmal durchaus im Gottesdienst durchklingen, jedenfalls sehr schwer getan. Sie haben zu meiner klösterlichen Sinnkrise beigetragen, und ehrlich gesagt, bekomme ich heute immer noch regelmäßig die Krise dabei. Wenn das die Bedeutung ist, die das Wort »Gott« durch das ständige Beten bekommt, kann ich für meinen Teil gerne darauf verzichten. Sind denn alle Mönche, die den ganzen Tag klassische Gottesbilder besingen, in einem naiven Kinderglauben steckengeblieben? Ich selber wollte das nie, mit dem Resultat, dass ich eine Zeitlang glaubte, gar keinen Glauben mehr zu haben.

Dennoch: wir wenden uns im Gebet an Gott. Benedikt gibt uns auch dafür einen weisen Rat in seiner Regel. Erneut beschreibt er nicht, wer oder was Gott ist, sondern was wir *tun* sollten: »Wenn wir mächtigen Menschen etwas unterbreiten wollen, wagen wir es nur in Demut und Ehrfurcht. Um wie viel mehr müssen wir zum Herrn, dem Gott des Weltalls, mit aller Demut und lauterer Hingabe flehen.« (RB 20,1–2) Gott als mächtiger Herr, als Potentat, vor dem man zu Kreuze kriechen muss, mag manchen nichts sagen. Aber die Haltung der Demut und Hingabe gibt auch dann zu denken, wenn man ein milderes Gottesbild hat. Ich selber neige nämlich in den meisten Situationen eher zu einer kritischen Distanz, die es mir ermöglicht, mir eine unabhängige Meinung zu bilden und ein Urteil zu fällen. Wenn man demütig ist, dann legt man das Urteil anderen in die Hände, ohne ihrer Macht ausgesetzt zu sein. Das ist nicht einfach und erscheint vielen wahrscheinlich nicht wünschenswert. Sicher muss ich selbst Entscheidungen treffen, aber wenn ich das immer und überall für mich beanspruche, werde ich zu meinem eigenen Abgott. Dann ist das eigene Ego die einzige Instanz, die es sich noch zu fragen, zu konsultieren und zu feiern lohnt. So sehr ich diese Sorge auch teile, so schwer bleibt es dennoch, mir die Gottesbilder, die die Psalmen ihr entgegensetzen, anzueignen.

Große Probleme hatte ich auch lange mit dem Bild des guten Hirten. Ich habe mit den Vergleichen von uns Menschen mit Schafen nie viel anfangen können. Die Bedeutung dieses Vergleichs ist das genaue Gegenteil von dem, was ich sein möchte, auch als Mönch. Dennoch kommt das Bild in den

Psalmen, die ich Woche für Woche singe, regelmäßig vor. Die Demut, zu der Benedikt uns mahnt, lässt keinen anderen Schluss zu, als weiter zu singen. Das tue ich also auch. Ich kann nicht sagen, dass sich mein Gottesbild dadurch schon geändert hätte. Ich habe immer noch meine liebe Not mit manchen Vergleichen. Aber ich kann, ganz wie mein Lehrer Edward Schillebeeckx, auch jene Passagen beten, deren Bedeutung sich mir intellektuell nicht erschließt. Psalm 23 ist dadurch heute mein Lieblingspsalm geworden:

Der Herr ist mein Hirte, ich leide nicht Not;
auf grünender Weide lässt er mich lagern.
Er führt mich an Wasser der Ruhe,
Erquickung spendet er meiner Seele.
Er leitet mich auf dem rechten Pfad,
getreu seinem Namen. (Ps 23,1–3)

Es geht beim Singen dieses Psalms nicht darum, ob ich mich als Schaf fühle. Wichtiger sind die Bilder, die zum Ausdruck bringen, dass ich als Mensch immer eine Zuflucht habe. Es gibt immer einen Grund, mein Leben gut zu leben, aus jeder Situation das Beste zu machen. Dieses Beste ist nämlich nicht mir selber zuzuschreiben, sondern wird mir auf wunderbare Art und Weise geschenkt. Dafür braucht man das Vertrauen, das im eben zitierten Psalm zum Ausdruck kommt. Eine Weide, ein Ruheplatz: das sind positive Bilder, die auch in schweren Situationen Kraft geben. Nicht rational und nicht als Patentrezept, sondern einfach, indem ich alles für den Moment des Singens loslassen kann. Das ist nicht realistisch, aber es wird durch das Singen zur Wirklichkeit.

Der Exeget Erich Zenger sagt über diesen Psalm: »Es ist offensichtlich die Balance des Psalms zwischen Sehnsucht und Wirklichkeit, seine Einwurzelung in unserer Erfahrung und das Aufbrechen dieser Erfahrung auf Gottes Gegenwart hin, was diesen Psalm so kostbar macht.«[13] Utopie wird durch unseren Gesang zur Wahrheit. Wenn ein poetischer Text wie

Psalm 23 das ermöglicht, dann erübrigt sich jede Frage nach seiner Bedeutung. Zenger weist auch darauf hin, dass der Text »im Judentum vorzugsweise bei Beerdigungen gesungen wurde«. Ohne es zu wissen, habe ich genau das schon einige Male getan. Bei Sterbefällen in der Familie, die mir nahegegangen sind, habe ich den Psalm zitiert, auch auf den Totenzettel drucken lassen:

Und muss ich auch wandern im finsteren Tal,
ich fürchte kein Unheil, denn du bist bei mir.
Dein Stock und dein Hirtenstab, die geben mir Zuversicht.
Du hast einen Tisch mir bereitet vor den Augen der Feinde.
Du salbtest mein Haupt mit Öl, mein Becher ist gefüllt bis
zum Rand. (Ps 23,4–5)

Von außen betrachtet ist das vielleicht ein schwacher Trost. Wenn ich mir den Text aber in einer Situation demütig zu eigen mache, die nach Sinn verlangt, nicht nach verstandesmäßigem Verstehen, wie der Tod eines lieben Menschen, dann ist der Trost alles andere als einfach so dahergesagt.

Gott bietet uns keinen falschen, sondern einen echten Trost, wenn wir im Chorgebet vor ihm stehen, so Benedikt: »Wir sollen wissen, dass wir nicht erhört werden, wenn wir viele Worte machen, sondern wenn wir mit Lauterkeit des Herzens und mit Tränen der Reue beten.« (RB 20,3) Diese Worte klingen widerspenstig. Ich will nicht immer mein Herz ins Spiel bringen, wenn ich beim Gottesdienst bin. Wer weint schon leicht über all das, was in seinem Leben schiefgegangen ist? Jeder, der wirklich singt, so kann ich inzwischen sagen. Psalm 23 ist nicht lang, er umfasst nicht viele Worte. Aber sie treffen den Kern: »Es geleiten mich deine Güte und Huld durch alle Tage des Lebens. Und wohnen darf ich im Hause des Herrn solange ich lebe.« (Ps 23,6)

Meine Sinnkrise, die ich schon recht schnell nach meinem Klostereintritt durchlitt, hatte mit Bedeutungsverlust zu tun. Ich geriet in Panik, weil ich Angst hatte, aufs falsche Pferd zu setzen. Ich konnte doch nicht mein ganzes Leben einer Lebensform verschreiben, die keine Bedeutung hat! Inzwischen weiß ich: sie hat vielleicht wirklich keine Bedeutung, zumindest keine, die sich auf Anhieb erschließen ließe. Aber sie hat Sinn. Dieser Sinn fürs Unendliche ist mir auch in meiner persönlichen Glaubenskrise nicht verlorengegangen. Heute bin ich dankbar für diese Krise, weil sie mich vor einer naiven Haltung im Kloster bewahrt hat. Es kann nämlich auch naiv sein, wenn man meint, alles erklären zu können und zu müssen. Ich glaube, dass jeder Mensch so etwas in Bezug auf seinen Glauben immer wieder durchleben muss. Wie oft suchen wir nach der Bedeutung von etwas scheinbar Sinnlosem. Wie selten gelingt es dann, doch das Beste aus der Situation zu machen, ohne gleich alles zu verstehen. Jeder Mensch muss seine Gottesdienste, vielleicht auch im übertragenden Sinne, finden, in denen er singen und dabei seine Gefühle, seine Verwunderung und seine Verzweiflung zum Ausdruck bringen kann. Die Tatsache, dass ich singen kann, ist Grund genug für ein grenzenloses Vertrauen.

Der bereits erwähnte Theologe Louis-Marie Chauvet sagt ganz richtig, dass wir »als moderne Menschen unseren Verstand wohl nie ganz ausschalten können«. Auch im Gottesdienst haben wir den »Anspruch, zu verstehen, was vor sich geht«. Das ist auch gut so, denn Blindheit ist nicht die Haltung, die man zum Singen braucht. Das habe ich auch meinem Mitbruder auf seine Aussage hin, unsere Gottesdienste »hätten keine Bedeutung« geantwortet. »Mag sein«, sagte er, »aber etwas zu verstehen und wirklich zu erfassen, hat immer ganz verschiedene Ebenen. Vielleicht fängst du am falschen Ende an«. Ich habe weitergesungen, und er hatte erneut Recht. Der Intellekt hilft mir, wenn ich die Psalmen immer tiefer ergründen will. Aber primär ist die Handlung des Singens, die den Text mitten in mein Leben holt und mir seine Bedeutung erschließt, so wie unzähligen Menschen vor mir und ganz sicher auch nach mir.

6 Irritation

Wut gibt es im Kloster nicht nur nach außen, sondern auch noch innen. Selbst in den Gottesdiensten sind Irritationen nicht ganz abwesend. Wenn eine Gemeinschaft aus einem geteilten Ideal heraus lebt, sollte man meinen, dass sie in Harmonie miteinander den Alltag und vor allem ihren Dienst an Gott gestaltet. Das ist in der Tat das Ideal, aber auch Klosterbewohner sind nur Menschen. Als ich selber noch kein Mönch war und als Liturgiewissenschaftler zu meinen ersten Vorträgen für Klostergemeinschaften eingeladen wurde, habe ich mich erschreckt, wie viel Uneinigkeit ich beobachtete. Es ging oft um alltägliche Dinge. Es wurde nicht offen darüber diskutiert, aber mancher Bruder wandte sich vertrauensvoll an mich, um mir sein Leid zu klagen. Ich dachte: »Wie kann man es in so einer Gemeinschaft nur aushalten? Wenn ich mich permanent so über den anderen ärgern würde, dann wäre ich schon längst weggegangen.« Dann wiederum fragte ich mich: »Habt ihr denn wirklich keine anderen Probleme?« Was man außerhalb des Klosters als Kleinigkeiten abtun würde, wurde hier zu einer großen Sache aufgebauscht. »Das ist wirklich nur möglich, wenn man wie ihr unter einer Käseglocke lebt. Die Welt ist viel größer, also werdet endlich mal erwachsen und lasst eure kindischen Kleinkriege«, kritisierte ich. Diese Gedanken mögen sich hart anhören, und doch hatte ich sie.

Wenn ich heute als Klosterbewohner zurückschaue, dann wundere ich mich über mich selber. Ich erinnere mich nämlich an manche Diskussion im häuslichen Umfeld oder im Freundeskreis, von der ich mich heute genauso frage: »Hatten wir denn keine anderen Probleme?« Es gehört wohl zu jedem menschlichen Miteinander, dass kleine Dinge auf einmal riesengroß werden können und dass man sich darüber fast die Köpfe einschlägt. Ein wichtiger Unterschied zwischen den Grabenkämpfen, die wir in der Clique als Jugendliche ausgetragen haben und den heutigen Reibereien im Kloster ist, dass wir Mönche uns nicht so leicht aus dem Weg gehen können wie damals. Früher ging ich mit den Kumpels eben mal ein Wochenende nicht mit raus. Danach hatte sich das Ganze wieder beruhigt. Selbst wenn es zu Hause mal Ärger gab, ging ich zur Uni, und wenn ich zurückkam, hatte sich der Rauch wieder aufgelöst.

Das Kloster bietet wenig Ausweichmöglichkeiten. Ein Mitbruder erzählte mir aus seinem Noviziat vor vielen Jahren: »Mönche sind wie Murmeln in einem Murmelsack. Sie reiben sich ständig aneinander, und doch bleiben sie alle im Sack. Und wenn einmal eine herausspringt, wird sie von den spielenden Kindern rasch wieder hineingetan.« Ohne »Escape« können alltägliche Reibereien aber auch zu einem Teufelskreis werden. Wenn einer sagt: »Das sind doch *nur* Irritationen«, dann hat er noch nicht erfahren, wie viele menschliche Beziehungen schon an solchen vermeintlich kleinen Irritationen zerbrochen sind. Im Kloster sind diese Irritation noch viel größer, weil der Murmelsack zugeschnürt ist. Man bleibt im Idealfall doch, weil man den Umgang mit seinen Irritationen nicht beim anderen und nicht im sozialen Umgang miteinander suchen muss, sondern in erster Linie bei sich selber und schlussendlich im eigenen Umgang mit Gott. Der Gottesdienst ist der Prüfstein. Um ihn würdig feiern zu können, muss man sich an die eigene Nase packen, und zwar aus einem geistlichen Antrieb heraus. Die Irritation, der Ärger über den anderen, kann mich geistlich nur weiterbringen, wenn ich bereit bin, ehrlich an mir zu arbeiten.

Konfliktherd

»Wenn sich Mönche oder Nonnen in die Haare kriegen, dann geht es meistens um die Liturgie«, so lautet eine Grundregel des Klosterlebens. Einer der Hauptkonfliktherde klösterlicher Gemeinschaften ist die Kirche. Das klingt widersinnig. Wie kann gerade das heilige Spiel, bei dem man Gottes Gegenwart in besonderer Weise erfährt, zum Stein des Anstoßes werden? Vielleicht ist es gerade die Heiligkeit der liturgischen Handlungen, die uns so sensibel macht. Wenn mir etwas wirklich heilig ist, vertrage ich noch viel weniger als sonst, wenn andere sich »falsch« verhalten. Oder zumindest nicht so, wie ich selber finde, dass sie sich verhalten sollten. Das ist im praktischen Leben außerhalb des Klosters nicht anders. Wenn jemandem die gemeinsame Sonntagsmahlzeit in der Familie heilig ist und der andere nicht mit der erwarteten Aufmerksamkeit am Tisch sitzt, ist Ärger vorprogrammiert. Sollte es aber beim Gottesdienst nicht anders sein, weil alle von Gott gerufen sind? Prinzipiell schon, aber auch der Gottesdienst hat eine zutiefst menschliche Komponente.

Das zeigt sich auch in seiner Außenwirkung. Wenn es in einer Gemeinschaft Spannungen oder Konflikte gibt, dann spiegelt sich das sofort in der Liturgie. Klosterbewohner können sich über liturgische Details manchmal derart echauffieren, dass Außenstehende nur ungläubig den Kopf schütteln. Es braucht dann eine Zeit, bis man merkt, dass es gar nicht um diese Details geht, sondern ein anderes Problem zugrunde liegt. Ist der Gottesdienst dann eine Art Katalysator? Das wäre zu einfach. Denn irgendwann kann man nicht mehr sagen, was eher da war, der persönliche Konflikt oder die Meinungsverschiedenheit über ein liturgisches Detail. Ärgere ich mich so über die jeden Tag aufs Neue ›falsche‹ Verbeugung meines Nachbarn, weil ich ein persönliches Problem mit ihm habe, oder habe ich ein Problem mit ihm, weil er sich meiner Meinung nach täglich ›falsch‹ verbeugt?

Der Geist der Liturgie kommt einem schnell abhanden, wenn man nicht aufpasst. Für Mönche sind Liturgie und Leben so eng miteinander verbunden, dass sie ihre Gefühle, auch die negativen, nicht einfach bei der Kirchentüre abgeben können. Im Gegenteil, die Kirche ist ein emotionaler Ort.

Weil man die Liturgie liebt, zählt jedes Detail. Irritation, Ärger und Spaltung gehören darum zu den größten Feinden des klösterlichen Zusammenlebens. Sie geben unseren aggressiven Neigungen Raum. Manchmal schlägt der »liturgische Krach«, den man mit anderen hat, so hohe Wogen, dass man sich ernsthaft darin behindert fühlt, überhaupt an der Liturgie teilzunehmen. Auch kann eine liturgische Verstimmung das Zusammenleben zur Hölle machen. In beiden Fällen führt ein scheinbar kleiner Zwist zu einer aggressiven Haltung. Diese ist beim besten Willen nicht mehr mit dem Gemeinschaftsideal (*communio*) zu vereinbaren, mit dem man Liturgie feiert. Sie ist ein Schlag ins Gesicht des anderen, der einem »Pax«, Frieden, wünscht. Und doch passiert es immer wieder, dass wir unsere Irritationen nicht überwinden können.

Haltung

Ein bleibendes Thema ist die Gebetshaltung. In unserem Konvent ist es üblich, dass alle Brüder, nicht nur die Priester, beim Vaterunser die Hände heben, die sogenannte *Orante*-Haltung einnehmen. Das ist liturgisch auch gerechtfertigt, denn die Gebetshaltung ist traditionell kein exklusiv priesterlicher Gestus. Es kostet einige Mühe, als klösterliche Gemeinschaft darin eine einheitliche Linie zu finden. Wenn man sich wie unser Konvent dazu entschieden hat, dann ist die nächste Frage, wie diese Haltung genau aussieht. Mir ist in diesem Findungsprozess klargeworden, wie intim Liturgie sein kann. Wir fühlen uns sehr schnell ertappt, kontrolliert oder sogar persönlich angegriffen, wenn jemand uns kommentiert oder »wissend« lächelt, wenn wir die Haltung einnehmen, die sich für uns am natürlichsten anfühlt. Der eine wird die Hände vorsichtig nach oben wenden, der andere beherzt in die Höhe strecken.

So bietet sich ein buntes Bild. Ein Gast sagte mir: »Es ist

doch schön, dass eine individuelle Note in euren Gottesdienst kommt.« So einfach ist es aber nicht. Denn ob ich will oder nicht, ich beäuge den anderen kritisch, wenn die Form frei ist. Derjenige, der die Hände in den Himmel streckt, hält den anderen, der das nicht wagt, vielleicht für verklemmt. Jener mag wiederum denken, Ersterer sei scheinheilig und übertrieben. Ich kann hierüber nur mutmaßen, denn eines ist sicher: ein Gespräch ist darüber nur sehr schwer möglich. Man sagt sich diese Dinge nicht, sondern frisst sie in sich herein. Und schon ist die Irritation geboren.

Um das zu vermeiden, wurde bei uns der Versuch unternommen, eine einheitliche Haltung abzusprechen. Wir sollten in Zukunft alle die Hände zum Himmel erheben, die Handflächen zueinander gewendet. Das hörte sich zunächst einmal plausibel an, entsprach es doch auch alten liturgischen Darstellungen. Gesagt getan, aber das Ganze umzusetzen war viel schwieriger als erwartet. Für mich ist es bis heute schwer, mich an den Gestus zu gewöhnen, da ich zu denjenigen gehörte, die die Hände unten ließen. Dennoch ist es ist gut und richtig, dass jemand den Knoten durchtrennt und festlegt, wie es nun gemacht wird. Aber man vergesse dabei nie das Irritationspotenzial. Die Haltung, wie ich beim Gottesdienst stehe, ist eine Frage der Authentizität. Diese kann man nicht erzwingen. Sich dabei zu respektieren und sich nicht gegenseitig auf die Finger zu schauen, ist unendlich schwer, aber unerlässlich für den gemeinsamen Gottesdienst.

»Beinahe wie im echten Leben«, wird mancher Außenstehende jetzt denken. Wie oft regt man sich im Zusammenleben oder in der Freizeit über die Haltung auf, die der andere einnimmt. Bei Tisch, beim Sport, im Auto: überall lauern potenzielle Irritationen. »Es ist unsere Aufgabe, einander vor Gott Raum zu gönnen«, sagte einmal eine Schwester. Wenn das nur so einfach wäre. Die »Schule für den Dienst des Herrn«, von der der heilige Benedikt spricht, birgt als wichtigste Lektion, den anderen zu ertragen.

Friedensmechanismus

Die potenzielle Irritation zu bekämpfen, gehört zum Dienst des Herrn dazu. Damit umzugehen, lässt uns zu erwachseneren Liturgen werden. Jede kleine Reiberei erhöht die liturgische Gelassenheit. Auch Benedikt wusste von solchen Spannungen. Man braucht kein fanatischer Liturgiker und kein Unruhestifter zu sein, um schon nach kurzer Zeit im Kloster zu merken, worum es geht: den »schiefen« Gesang, das Räuspern im falschen Moment, die mangelnde Aufmerksamkeit des Mitbruders beim Vorlesen.

Von all diesen Kleinigkeiten kann man sehr unruhig werden. Das gilt umso mehr, wenn bei einer bestimmten Person mehrere Dinge zusammenkommen, innerhalb wie außerhalb der Kirche. Wenn ich mich über die leise Stimme eines Mitbruders beim Vorlesen ärgere, weil ich ihn schlecht verstehen kann, wird es mich ungemein stören, wenn er im Gruppengespräch unverständlich vor sich hin nuschelt. Wie einfach wäre es, zu sagen: »Kannst du vielleicht etwas lauter sprechen?« Und wie selten tue ich es. Das Verhältnis zu Einzelnen in der Gruppe und die eigene Rolle tun das übrige, um ein kompliziertes Netzwerk entstehen zu lassen. Dem ist kommunikativ oft nicht beizukommen. Es überfordert den Einzelnen, sich darüber hinwegzusetzen.

Vater Benedikt macht darum aus der Not eine Tugend. Die Liturgie ist innerhalb des Idealbilds, das er in seiner Regel beschreibt, kein Stein des Anstoßes und kein Frustventil, sondern ein »Friedensmechanismus«. Natürlich hat Benedikt auch in seiner eigenen Klostergemeinschaft auf dem Montecassino erfahren, wie sich die Gemüter erhitzen und wie einzelne Brüder vor Wut beinahe platzen. Genau darum mahnt er zur entgegengesetzten Haltung. Die Liturgie schafft in erster Linie Frieden und Eintracht: »Die Feier von Laudes und Vesper gehe niemals zu Ende, ohne dass am Schluss der Obere das Gebet des Herrn von Anfang an so spricht, dass alle es hören können; denn immer wieder gibt es Ärgernisse, die wie Dornen verletzen.« (RB 13,12)

Diese »Dornen« (*scandalorum spinas*) können zum Stein des Anstoßes werden, und eine aggressive Spirale beginnt. Es ist sicher kein Zufall, dass andere Übersetzungen von »Irritationen« und »Uneinigkeiten« sprechen. Benedikt vertraut, vom Morgen bis zum Abend, vollkommen auf die Kraft des Gebets. Das zentrale Gebet, das Vaterunser, lässt uns garantiert die Ärgernisse in der Klosterliturgie überwinden, und mit ihnen auch die Zwistigkeiten in der Gemeinschaft. Ich bete es dabei nicht einfach still vor mich hin. Der Abt betet es. Damit bekommt es ein spirituelles Gewicht. Nicht dass der Abt es besser könnte als jeder andere Mönch. Es geht darum, dass das Gebet des Herrn mitten in der Gemeinschaft angesiedelt ist und nicht vom Einzelnen abhängt. Darum betet der Abt *stellvertretend* für alle anderen. Er ist zugleich der Stellvertreter Christi. Das Gebet wird also von meinem persönlichen Empfinden losgelöst, ich darf Teil der großen Gebetsbewegung sein. Das ist nicht nur ein Aufruf zur Einheit, sondern bringt sie quasi im Moment des Gebets zustande. Um das besser verstehen zu können, muss man die Dornen der Ärgernisse immer wieder unter die Lupe nehmen, denn es bringt nichts, ihnen aus dem Weg zu gehen.

Gesang

»Der Gesang dieser Mitschwester ist ohrenbetäubend, ich falle beinahe aus dem Chorgestühl, so laut ist er. Außerdem singt sie viel zu schnell. Sie stört das ganze Offizium«, so wurde mir im Vertrauen in einem Kloster erzählt, wo ich für die Schwestern referierte. Nichts ist in der Liturgie ein so heikles Thema wie der Gesang. Lautstärke und Tempo des Gesangs sind beinahe überall Anlass zu Reiberei. Dabei ist es durchaus möglich, dass sich jemand absolut keiner Schuld bewusst ist und trotzdem viel zu laut und zu schnell singt.

Bei der genannten Schwester war das so. Sie hörte schlecht. »Dann sagt es ihr doch einfach«, lautete mein naiver Rat.

Daran hatten ihre Mitschwestern natürlich auch schon gedacht. Sie hatten es versucht, aber es hatte keinen dauerhaften Effekt gehabt. Die Schwester fühlte sich gekränkt. Unbewusst sang sie noch lauter und noch schneller, sie wurde immer fanatischer. »Wir haben es auch schon umgekehrt erlebt«, erzählte mir die Obere: »Bis heute traut sich eine andere Schwester nicht mehr, wirklich mitzumachen.« In beiden Fällen, der fanatischen und der eingeschüchterten Reaktion, verkrampften sich die Schwestern. Immer wenn man krampfhaft etwas in der Liturgie zu tun oder zu unterlassen versucht, geht es schief.

In einem Vertrauensverhältnis sollte man damit doch entspannt umgehen können? Sicher, aber Vertrauen ist ein kostbares Gut und verlangt, dass man sich gegenseitig respektiert. Dabei macht der Ton die Musik. Eines der schlimmsten Übel, die Benedikt in verschiedenen Bereichen beklagt, ist das Murren: »Vor allem darf niemals das Laster des Murrens aufkommen, in keinem Wort und keiner Andeutung, was auch immer als Anlass vorliegen mag.« (RB 34,6) Man soll nicht über den Abt oder die materiellen Verhältnisse im Kloster meckern, aber schon gar nicht über den Dienst an Gott und die Rolle jedes Einzelnen darin. Die Erfahrung lehrt zwei Dinge, wie man damit praktisch umgehen kann. Erstens können Ärgernisse buchstäblich verwehen. Es ist nicht nötig alles immer gleich anzusprechen, denn dann hat man allzu schnell einen murrenden Ton am Leib. Vielleicht verfliegt der Ärger ja. Zweitens, wenn das Ärgernis nicht verweht, kann Humor ein probates Mittel sein, um Dinge zur Sprache zu bringen, die man ansonsten nur schwer thematisieren kann. Eine feine Ironie kann dabei helfen, den Teufelskreis des Murrens zu durchbrechen. Wenn ich nicht in der Lage bin, die Sache durch leichte Ironie zu relativieren, liegt die Vermutung nahe, dass sie mehr über mich selber sagt als über den anderen. Wer bierernst auf die Richtigkeit seines

Standpunktes pocht, ist sich seiner Sache in Wirklichkeit oft gar nicht so sicher. Das Einzige was dann hilft, ist die Flucht nach oben – zu Gott!

Darum sind für Benedikt auch die Worte des Vaterunsers aus dem Mund des Oberen so wichtig. Sie sind über jeden Zweifel erhaben und lassen den Verdacht nicht zu, dass diese oder jene konkrete Person etwas falsch machen könnte. Nicht dass der Abt keine Irritationen wecken könnte! Liturgisch geht es bei dieser Rollenverteilung jedoch darum, dass jeder sich etwas sagen lassen muss, nicht von Vater Abt, sondern vom Vater im Himmel. Jeder hört, dass dieser Vater empfänglich für unsere Bitte ist. Irritation ist dann nicht nur unangemessen, sondern auch unmöglich, wenn man wirklich bei der Sache ist.

Vor diesem Hintergrund klingt der Gesang der halbtauben Mitschwester vielleicht schon etwas weniger schrill und man kann ihn mit einer gewissen Milde ertragen. Vielleicht kann sie es ja durch das Gebet auch besser annehmen, wenn man sie mit der nötigen Leichtigkeit darauf hinweist. Der Dienst an Gott als Friedensmechanismus lässt uns zusammen singen. Gäbe es doch solche liturgischen Mechanismen wie das Vaterunser morgens und abends in so mancher Alltagssituation. Der Dienst an Gott würde dann zum Dienst an unserem Frieden.

Zwietracht

»Es wundert mich nicht, dass die Besucher in unseren Gottesdiensten nur wenig Gemeinschaft erfahren. Strahlen wir sie selbst als Brüder denn aus?« Diese Bemerkung eines Bruders während einer Feldforschung, die ich für meinen Lehrstuhl an der Universität Löwen in Belgien unter Gottesdienstteilnehmern in verschiedenen Klosterkirchen durchgeführt hatte, überraschte mich. Es hatte sich gezeigt, dass die Gottesdienstteilnehmer in den beteiligten Abteien vor allem auf sich selber gerichtet sind, weniger auf die anderen Menschen um sie herum.[14] »Das entspricht nicht dem Ideal unserer Gemeinschaft!« Der Bruder sah die Ursache für diese individualistischen Tendenzen nicht bei den Besuchern selber, die zu wenig mit der liturgischen Tradition vertraut sein könnten oder eine gewisse autistische Neigung mit in die Kirche bringen könnten. Nein, unter den Mitbrüdern vermisste er die Gemeinschaft, sowohl in der Liturgie als auch im Zusammenleben. »Das überträgt sich auf die Gäste.«

In verschiedenen Konventen kamen wir darüber ins Gespräch. Manche Brüder pflichteten diesem Standpunkt bei: »Manchmal habe ich das Gefühl, dass wir Liturgie nach dem Motto feiern: Jeder für sich und Gott für uns alle.« Die Diskussionen entwickelten sich weiter. Brüder wiesen einander darauf hin, wo ihrer Meinung nach Einzelne versuchten, die Gottesdienste an sich zu reißen und wo andere sich provokativ ausklinkten. Zwangsläufig kam die Sprache auch auf Alltagssituationen. Die Liturgie drohte erneut zu einer Art Ventil und die Diskussionen darüber zu einem verkappten Abwehrmechanismus zu werden. »Wäre es dann nicht sinnvoll, anhand eurer Gottesdienste, auch das Zusammenleben unter die Lupe zu nehmen?«, fragte ich einmal. Ein älterer Mönch stand auf, pflichtete mir bei, aber fügte gleich hinzu: »Damit muss jeder bei sich selber anfangen.« Das hörte sich im ersten Augenblick wieder sehr individualistisch an. Erst allmählich verstand ich, wie weise diese Bemerkung war. Wenn man wirklich zusammen beten und singen will, muss man erst mit sich selbst im Reinen sein. Die Gäste und ihre Erfahrungen in der Klosterkirche waren ein Spiegel, der dazu einlud.

Eifer

Für Mönche ist es nicht immer einfach, in den Spiegel der Liturgie zu schauen. Man trifft vor allem auf die eigenen Irritationen, und das unbeschönigt. Natürlich kommt es in Klöstern durchaus vor, dass Bewohner sich zurückziehen oder andere beschuldigen. Aber die Grundlage des Klosterlebens ist, immer erst mit sich selbst ins Gericht zu gehen. Das hilft, gemeinsam Liturgie zu feiern und an unseren Irritationen zu wachsen. Benedikt reicht uns in seiner Regel ein probates Mittel, den Eifer:»Wie es einen bitteren und bösen Eifer gibt, der von Gott trennt und zur Hölle führt, so gibt es auch einen guten Eifer, der von den Sünden trennt, zu Gott und zum ewigen Leben führt.« (RB 72,1–2)

Wenn ich die Dornen der Irritation und Zwietracht ertragen will, dann geht das nicht von selber. Ich muss voller Eifer ans Werk gehen. Die theologische Sprache, die der Mönchsvater hier gebraucht – »Gott, Himmel und Hölle« –, bedeutet nicht, dass die beschriebene Haltung nur dann Bedeutung hat, wenn ich mich quasi ausdrücklich religiös besinne. Unser Eifer kann immer in die völlig falsche Richtung gehen und zur Eifersucht werden. Das ist keine Kleinigkeit, keine Notlüge, sondern trifft den Kern der eigenen Spiritualität. Mich persönlich stellt das vor eine große Herausforderung, weil ich ein eher energischer Typ bin. Wenn ich meine Energie nicht bewusst in die richtige Richtung lenke, verrenne ich mich. Ich bin mit meinen Gedanken längst schon beim nächsten Projekt und verdrehe voller Ungeduld die Augen, wenn ein Mitbruder nach meinem Dafürhalten kein musikalisches Gespür an den Tag legt. Dann kann ich nicht wirklich aufrichtig dabei sein, wenn das Vaterunser gebetet wird. Meine Eifersucht, die sich am Gesang des anderen stört, beschämt mich. Wut kann nur dann ein Ausgangspunkt für unser liturgisches Leben sein, wenn ihre Energie zu Gott, nach oben, umgeleitet wird.

Zwei Haltungen können vielleicht dabei helfen, das Totschweigen von Irritation und Zwietracht zu durchbrechen. Als Erstes nennt Benedikt die Achtung:»Sie sollen einander in gegenseitiger Achtung zuvorkommen.« (RB 72,4) Anstand und Achtung werden schnell vergessen, wenn einem etwas zu Herzen geht und man sich gekränkt fühlt. Ich denke an die Schwester, der vorgeworfen wird, sie singe zu laut und zu schnell. In welchem Ton wurde sie darüber in Kenntnis gesetzt? Schuld ist aber fast nie einseitig. Darum ist hier von »*gegenseitigem* Respekt« die Rede. Wenn ich den anderen grundsätzlich annehme und mich darauf verlassen kann, dass er mich und meinen Beitrag zur Liturgie und zum Gemeinschaftsleben auch annimmt, dann können wir den Teufelskreis gemeinsam durchbrechen.

Die zweite Haltung hat bei Benedikt mit der menschlichen Schwäche zu tun: »Ihre körperlichen und charakterlichen Schwächen sollen sie in unerschöpflicher Geduld ertragen.« (RB 72, 5) Wer Macht hat, macht sich oft die Schwäche des anderen zunutze. Der andere wagt es nicht, ihn auf sein dominantes Verhalten im Chorgestühl hinzuweisen, und das zeugt von Angst und Unsicherheit auch außerhalb des Gottesdienstes. Vielleicht ist es jedoch die eigentliche Schwäche, dass ich es nötig finde, beim Singen zu dominieren. Und vielleicht scheitern wir beide daran, unsere Schwächen gegenseitig zu ertragen. Die Geduld, von der die Regel spricht, hat mit Vertrauen zu tun. Auch das ist eine Haltung, die uns helfen kann, die Spirale der Zwietracht in unserer Gemeinschaft zu beenden.

Achtung und Vertrauen helfen gegen Irritation und Zwietracht, so lautet der spirituelle Grundsatz der Benediktsregel. Das klingt sehr schön, aber seien wir ehrlich: Hilft das wirklich, wenn es um liturgische Gesten und Zwistigkeiten geht, die Spannungen in der Gemeinschaft zeigen oder hervorrufen? Die Gefahr besteht durchaus, dass wir theoretisch schnell einer Meinung sind, wenn es um diese Art von Haltungen geht. Praktisch aber geht alles weiter wie bisher.

Warum kehren wir unseren Ausgangspunkt nicht einfach um? Wir nehmen eine Gemeinschaft wahr, die es zusammen aushält. Das *geht* nur mit Achtung und Vertrauen. Wenn dann Irritationen über Kleinigkeiten des Alltags auftreten oder Meinungsverschiedenheiten über den Dienst an Gott, dann kann ich mich darauf besinnen, dass ich nicht alleine bestimmen kann, wie wir als Gemeinschaft leben. Achtung und Vertrauen sind nämlich Haltungen, zu denen Menschen alleine nicht in der Lage sind. Wenn wir den richtigen Eifer als Mönche, als Menschen, an den Tag legen, dann werden wir alles dafür tun, uns darin zu übertreffen. Und der Dienst an Gott bietet uns täglich die Gelegenheit dazu. Würden doch alle Menschen diesen Dienst der Achtung und des Vertrauens verrichten – tagein, tagaus.

III.

Dienst am Menschen

7 Gastfreundschaft

Als Mönch schottet man sich in gewissem Sinne von der Welt ab. Das heißt, dass im Kloster eigentlich nur die Mitglieder des Konvents wirklich zuhause sind. Heißt das aber auch, dass andere draußen bleiben müssen? Ich werde persönlich immer wütend, wenn Leute die Schotten dichtmachen. Wann immer man mich glauben machen will, andere hätten keinen Zugang zu dem Terrain, das wir gemeinsam in unserer Obhut haben, werde ich zum Rebellen, zum Ungläubigen, zum Aktivisten. Im Kloster ist mir darum Gastfreundschaft unglaublich wichtig. Die Abtei ist nicht unser Eigentum! Diese Reaktion hat mit meiner Kindheit zu tun. Ich habe in der dörflichen Umgebung meines Heimatortes unmittelbar erfahren, wie es für Menschen ist, nicht dazuzugehören, wenn die Großeltern nicht auf dem örtlichen Friedhof begraben sind. Ich weigere mich darum bis heute zu akzeptieren, dass es nur möglich ist, eine Gemeinschaft zu schaffen, die auf den Kategorien »wir hier drinnen« und »die da draußen« basiert. Das gilt für das Kloster und auch für unsere Gesellschaft.

In diesem Zusammenhang muss ich an eine konkrete Erfahrung denken. In meiner Jugend wurde im Dorf eine Gaststätte geschlossen. Die Einheimischen kamen nur noch selten an diesen Ort der Begegnung, der Wirt ging pleite. Er vermietete das Gebäude an die Gemeinde, die Asylanten darin unterbrachte. Es waren die ersten politischen Flüchtlinge, sie kamen aus Sri Lanka. Vom ersten Tag an kursierten wilde Horrorgeschichten. Auch ich habe mich damals schwer damit getan, die Sprachbarriere zu überwinden. Ich habe mich erschreckt, wenn Eltern mit ihren Kindern auf eine Art und Weise sprachen, die ich nicht einordnen konnte. Ich hatte, das gebe ich ganz ehrlich zu, auch ein mulmiges Gefühl wenn ich Menschen mit dunklerer Hautfarbe gegenüberstand. Aber ich habe intuitiv gespürt: all das hindert mich nur daran, Gemeinschaft zu erleben. Es waren ganz normale Menschen. Ich muss nicht ihnen die Schuld geben, sondern mir selber.

Schon Ende der achtziger Jahre habe ich erlebt, wie Mitglieder des ortsansässigen Schützenvereins sich als eine Art Dorfpolizei aufspielten und auf eine Weise mit »den Asylanten« redeten, für die ich mich heute noch schäme. Ich bereue es zutiefst, dass ich damals nicht aufgestanden bin und gesagt habe: »*Ihr* seid diejenigen, die hier gegen unsere Prinzipien verstoßen und nicht diese Menschen.« Ich habe mich nicht getraut. Ich war im Dorf selber ein Außenseiter, man hielt mich eh schon für einen Besserwisser und Spinner. Daher kann ich nur sagen: wir brauchen Raum für Spinner und ›naive‹ Menschen, die ihre Meinung sagen können. Denn Naivlinge und Spinner können die Welt verändern und Grenzen öffnen. Zum Glück habe ich von vielen anderen Vorbildern gelernt, wie man offen sein kann, ohne andere unter Druck zu setzen, sich ihnen aufzudrängen oder sie in Verlegenheit zu bringen. Und wenn es Freiraum schafft, dann hoffe ich heute als Mönch, ein Naivling und Spinner zu sein – Bewohner eines offenen Klosters.

Freiraum

Ich kämpfe für einen Raum, in dem die Gesetze der Dorfpolizei nicht gelten, sondern die Offenheit derer, die darauf vertrauen, dass Menschen es gut miteinander meinen. Einen Raum für jene, die einander alles gönnen. Ein wertfreier Raum, wo jeder willkommen ist. Einfach ist das nicht. Denn auch ich habe immer noch viele Vorurteile. Aber wenn ich eins gelernt habe, dann, dass ich sie bekämpfen muss. Ich versuche, so selten wie möglich eine Meinung über andere zu haben, und wenn ich sie auf den ersten Blick habe, tue ich mein Bestes, sie in meinem Gemüt nicht Wurzeln schlagen zu lassen. Das gelingt längst nicht immer, aber einen Versuch ist es gerade heute wert. Denn wenn man Freiraum wagen will, werden die Zeiten zunehmend härter. Der Zeitgeist scheint eher dahin zu gehen, dass wir Grenzen neu definieren, Mauern errichten und bewachen.

Das Kloster muss der Freiraum schlechthin sein. Darum bin ich eingetreten, und darum bleibe ich bis heute. Jeder ist willkommen. Gastfreundschaft ist eine ganz entscheidende Tugend, die meine Wut in Bahnen lenkt, wenn ich an mein eigenes Kloster denke. So sehr es mich manchmal stört, wenn Leute von außen eindringen, sich aufdrängen, unsere geregelten Bahnen stören, indem sie die Stille durchbrechen oder unangenehme Fragen stellen, Gastfreundschaft ermöglicht immer Begegnung, wenn man sie ernstnimmt.

Das Verhältnis zwischen innen und außen bleibt dabei natürlich eine große Herausforderung. Nehmen wir als Beispiel noch einmal das Mitsingen in der Klosterkirche. Von außen meint man: »Es ist doch gut, wenn Leute aus voller Kehle mitsingen«. In einer Klostergemeinschaft wird das ganz anders wahrgenommen. Als junger Mönch muss ich zugeben, dass ich mich noch in einer Phase befinde, wo ich mich richtig über den allzu eifrigen Gesang der Gäste aufregen kann. Er kann den eher introvertierten Gesang der Mönchsgemeinschaft ungemein stören. In den meisten Klöstern wird viel Zeit darauf verwendet, synchron zu singen. Das ist gar nicht so einfach, wenn man mit manchen eher unmusikalischen Brüdern zu tun hat. Wenn dann zu viele »Störsender« von außen kommen, ist es mit der Harmonie vorbei.

Kann man den Gästen den Mund verbieten oder soll man sie deutlich darauf hinweisen, dass ihr Gesang nicht erwünscht ist, wie es mir vor einigen Jahren selbst noch ergangen ist? Wie gesagt, in der Zeit des anfänglichen Mönchseifers, in der ich mich immer noch befinde, wäre mir das manchmal am allerliebsten. Wirklich gastfreundlich wäre das jedoch nicht, wenn ich mir anmaße zu bestimmen, wer auf welche Art und Weise Gott loben darf. Dann würde ich das Kloster für mich beanspruchen. Nein, ich muss mich in erster Linie fragen, ob mein Ärger über die Gäste nicht mehr über mich selber sagt als über ihren Gesang. Natürlich liegt die Wahrheit in der Mitte. Wir als Gemeinschaft müssen unsere Eigenheit bewahren. Manchmal schmettern Gäste vor Enthusiasmus einen Hymnus so laut, dass man wirklich den Gottesdienst besser unterbrechen könnte. Generell muss aber jeder willkommen sein, und keiner hat das Recht, den anderen außen vor zu lassen. Das gilt im menschlichen Miteinander immer, aber vor allem, wenn es um einen Freiraum für Gott geht, wie das Kloster einer ist. Nur wer den Freiraum verschließt, gehört für mich nicht dazu. Was im Kleinen für die Klosterkirche gilt, gilt auch im größeren Rahmen für das Dorf meiner Kindheit und für unsere europäische Gesellschaft. Denn auch dort ist Gastfreundschaft alles andere als selbstverständlich.

Deo gratias

Unter den zahlreichen Plädoyers für all diejenigen, die heute an die Tore Europas klopfen, ist ein Statement für mich das kraftvollste von allen. Es kommt von einem Gästebruder, der die Pforte seines Klosters hütet und den ich vor Jahren auf einem Pilgerweg kennengelernt habe. Wenn es an der Klosterpforte läutet, antwortet er immer nach altem monastischen Brauch: »Deo gratias.« Gott sei Dank tut er das! Er praktiziert ganz einfach, was bei der Bewachung der europäischen Grenzen oft vergessen wird: dass das Öffnen der eigenen Pforte eine heilige Pflicht ist, die man nicht einfach als naive Gutgläubigkeit abtun kann. Es ist nicht nur eine Frage des menschlichen Miteinanders (*humanum*), sondern auch der Verantwortung des Menschen vor Gott (*divinum*).

Die Benediktsregel entstand in einer Zeit, die der unseren durchaus ähnlich war. In der spätantiken Welt waren große

Bevölkerungsgruppen unterwegs. Die dekadenten Seiten des römischen Reiches nahmen überhand. Fast so wie in der Dorfgaststätte meiner Jugend. Und da zog der Mönchsvater sich einfach so zurück, in eine Grotte bei Subiaco (*sacro speco*). Er sollte in Rom studieren, Karriere machen, und hätte sicher als vielversprechender junger Jurist viele andere hinter sich gelassen. Aber er stieg aus, sonderte sich ab und lebte als Eremit. Er entzog sich den gängigen Schemata, den Vorurteilen und Gehässigkeiten und wurde zum vollkommenen Außenseiter. Das tat er drei Jahre lang, so wissen wir aus seiner Vita, die uns der heilige Gregor der Große (540–604) überliefert hat. Dennoch blieb er empfänglich für alles, was von außen zu ihm kam. Wer nicht empfänglich für andere Menschen ist, ist es nämlich auch nicht für Gott.

Ostern

Eine kurze Passage aus der *Vita Benedicti* veranschaulicht das. Benedikt wird zu Ostern von einem Priester aufgesucht, der Speisen mitbringt. »Er suchte den Mann Gottes in den steilen Felsen, in den Talgründen und in den Schluchten. Schließlich fand er ihn in der Höhle verborgen.« Benedikt flieht nicht, er empfängt den Gast, wie es sich gehört: »Sie beteten miteinander, priesen den allmächtigen Herrn und setzten sich wieder.« Das Gebet ist hier die Basis für Gastfreundschaft und eröffnet eine Gemeinschaft, die Gott in ihrer Mitte willkommen heißt. Der Priester sagt zu Benedikt: »Auf! Wir wollen Mahl halten, denn heute ist Ostern.« Es mag überraschen, dass er darauf gesondert hinweisen muss. Bei einem Einsiedler ist es aber keineswegs selbstverständlich, dass er weiß, was die Uhr außerhalb seiner Klause geschlagen hat. Also antwortet Benedikt: »Gewiss! Es ist Ostern, denn ich durfte dich sehen.« Biograph Papst Gregor erläutert: »Er wusste nämlich nicht, dass auf jenen Tag das Osterfest fiel, so weit hatte er sich von den Menschen entfernt.«

Die offene Haltung Benedikts sorgt dafür, dass er auch für Gott offen bleibt. Wer sich zu sehr abschottet, dem entgehen die wichtigsten Dinge im Leben. Einen anderen Menschen aufrichtig zu empfangen, ist nicht nur eine Gunst, die man ihm gewährt, nicht nur eine lästige Pflicht. Es ist ein echter Grund zum Feiern. Der Priester sagt zu Benedikt, nachdem er sich bei ihm willkommen fühlt: »Heute ist Ostern, der Tag der Auferstehung des Herrn. Da darfst du nicht fasten; denn dazu bin ich gesandt, dass wir gemeinsam die Gaben des allmächtigen Herrn genießen.« Der Fremde, der zu uns kommt, ist Anlass zur Freude, denn Gott offenbart sich im Fremden. Gregor fügt abschließend hinzu: »Da priesen sie Gott und hielten Mahl.« (VB 1,6–7)[15] Vielleicht hätte der Einsiedler diese Freude nie erlebt und vielleicht hätte er Gott in diesem Augenblick nicht gefunden, wenn er nicht offen gewesen wäre, wenn er den anderen nicht erwartet hätte, ohne zu wissen, wann er kommt und wer er ist.

Schon als Eremit praktiziert Benedikt also eine radikale Gastfreundschaft, ohne Wenn und Aber. Er tut es mit Freude, und die Begegnung wird das größte Geschenk, das er sich vorstellen kann. Offenheit und Gastfreundschaft werden zu einem Pfeiler seiner Spiritualität, auch als er nach drei Jahren seine Grotte wieder verlässt und den ersten Mönchsgemeinschaften in der Gegend vorsteht. Schüler klopfen bei ihm an. Sie haben von seiner Weisheit gehört und bitten ihn, sie daran Anteil haben zu lassen. So entstehen kleine Gemeinschaften, die ein Eigenleben haben und sich von der Gesellschaft unterscheiden. In der Vita werden etliche Anfeindungen beschrieben, von außen und von innen. Benedikt bleibt aber standhaft. Er zieht schließlich mit einer Gruppe treuer Mönche auf den Montecassino, den Berg etwa hundert Kilometer von Rom, auf dem bis heute das Mutterhaus der Benediktiner steht. Auch dort steht über der Pforte das lateinische Wort für Frieden: »Pax!« Ohne den Kontakt zu anderen Menschen wüssten wir nicht, was Frieden eigentlich ist. Gott kann ihn uns im anderen schenken. Dann sagen wir mit dem

Gästebruder: »Deo gratias«. Jeder Mensch kann für den Frieden danken. Ob man nun religiös ist oder nicht, Friede ist heilig.

Geregelt

In einem ausführlichen Kapitel seiner Regel, die er auf dem Montecassino geschrieben hat, widmet Benedikt sich der Gastfreundschaft. Sie ist eine der wichtigsten Tugenden seiner Mönche. Das Verstörende des mönchischen Lebens besteht darin, dass ich ständig mit dem Paradox konfrontiert bin, mich der Welt zu entziehen, sie aber zugleich zu umarmen, quasi permanent im Grenzgebiet zu leben. Spirituell bedeutet das, niemals Besitzansprüche auf ein festes Territorium erheben zu können. Die Gastfreundschaft erinnert mich als Mönch daran, dass auch unser Kloster meinen Mitbrüdern und mir nicht gehört. Es ist neutrales Gebiet für alle Menschen, ein Ort der Gottessuche.

Das spirituelle Grundsatzprogramm des Mönchs lautet: Der Weg zur Wahrheit führt nach innen, aber er setzt voraus, dass man diesen Weg mit anderen teilt. Die Gastfreundschaft ist dann kein humanitäres Angebot an Menschen, die ansonsten nicht wissen, wohin sie gehen sollen, sondern eine Übung, die der Mönch zum Überleben braucht. Das Kapitel beginnt wie folgt: »Alle Fremden, die kommen, sollen aufgenommen werden wie Christus.« (RB 53,1) Alle konkreten Regeln, die dann folgen, sind somit kein Selbstzweck, sondern Kanalisierungen dessen, was man wie nichts anderes auf der Welt herbeisehnt: die Gegenwart Gottes.

Der Gast ist nicht jemand, den man tolerieren muss, sondern er berührt den Kern unseres eigenen Lebens. Es ist sicher kein Zufall, dass »Christus« in diesem Kapitel so ausdrücklich benannt wird. Das ist das schwerste Geschütz, das in der Regel aufgefahren werden kann. Für einen Mönch bedeutet die Identifikation des anderen mit Christus, dass diese Person noch wichtiger ist als er selber. Wer in der heutigen Zeit vielleicht weniger mit diesem Vergleich anfangen kann, was seine eigene Lebenseinstellung betrifft, der sollte sich fragen, ob es für ihn auch einen so radikalen Ausdruck gibt: der andere ist wichtiger als ich selber! Vielleicht kannte Benedikt auch schon den Argwohn gegenüber dem Fremden und die heimliche Neigung, sich doch als Eigentümer des Klosters aufzuspielen, als eine Art Dorfpolizei. Jeglichem Kalkül wird hier der Wind aus den Segeln genommen.

Klösterliche Gastfreundschaft ist ein universales Gut, es gibt keine Unterschiede zwischen Personen. Die äußere Erscheinung des Anklopfenden tut nichts zur Sache, und schon gar nicht die Laune des Gästebruders. Jener, den ich vor Jahren kennenlernte sagte: »Ob jemand ein großes Nasen-Piercing hat oder einen sündhaft teuren Anzug trägt, beides ist nicht mein Stil. Aber es macht keinen Unterschied.« Benedikt schließt ausdrücklich alle ein: »Allen erweise man die angemessene Ehre, besonders den Brüdern im Glauben und den Pilgern.« (RB 53,2) Zwei Dinge fallen hier auf: erstens die Ehrerbietung den Gästen gegenüber und zweitens die universale Zielgruppe.

Jemandem »die Ehre erweisen«, ist heute keine gängige Redensart mehr. Gegenüber den beiden Typen von Menschen, die der Gästebruder beschreibt, scheint das Wort dann auch unpassend. Bei dem Herrn mit dem viel zu teuren Anzug klingt die »passende Ehre« wie ein heuchlerisches, vielleicht opportunistisches Verhalten. Bei dem jungen Gast mit dem Nasen-Piercing kann man unterstellen, dass man trotz eines unpassenden Äußeren eine tolerante Haltung einzunehmen versucht. Beide Male geht es also nicht um eine natürliche, spontane Begegnung. Schade eigentlich, denn wenn man genau darüber nachdenkt, kann »jemandem die Ehre erweisen« sowohl übertriebene Höflichkeit als auch Reserviertheit und falsche Vorsicht verhindern. Angemessene Ehre sorgt für ein Formelement des Empfangs, eine Art Ritual. Was sehr formell klingt, kann auch befreiend wirken. Der Ankömmling braucht nicht verlegen zu sein, alles nimmt schlicht seinen Verlauf. Der Gästebruder braucht seinerseits auch nicht zu überlegen, wie er einen möglichen prominenten Gast willkommen heißt, denn die Behandlung ist für jeden gleich.

Diese universale Zielgruppe nennt Benedikt in seinem Vers als zweiten Punkt. Auf den ersten Blick scheint hier eine Art Provinzialismus durchzuschimmern. »Pilger« sind die Mitglieder der eigenen Kirche, die auf Wallfahrt sind. Im Lateinischen kann das Wort *peregrini* jedoch auch »Fremde« bedeuten. Diese doppelte Bedeutung bringt den Mönch direkt wieder in die richtige spirituelle Haltung, denn wir alle sind Pilger und damit auch Fremde. Fremd ist auch der Mönch, und zwar permanent. Gebietsansprüche, die andere ausschließen, sind also von vorneherein ausgeschlossen. Das ist sicherlich viel verlangt. Ich denke an den Gästebruder und frage mich, ob er Fremden gegenüber nie Ressentiments hat. Bestimmt. Aber er überwindet sie, indem er den Blick direkt nach oben richtet und Gott dankt. Dann kann er freundlich jedem anderen in die Augen schauen, wie ich es vor ein paar Jahren als pilgernder Gast selber erfahren habe. Ich denke auch an meinen eigenen Ärger den singenden Gästen im Kloster gegenüber. Und ich nehme mir vor, den Blick in solchen Situationen ebenfalls nach oben zu richten, und dankbar zu sein, dass diese Gäste mit uns zusammen Gott loben. Was ist aber mit den Dorfbewohnern, zu denen ich auch gehörte? Was ist mit all jenen, die immer noch denken, man könne Probleme durch *Grenzen* lösen, denen ich viel zu wenig widerspreche? Es ist doch schwierig und weltfremd, den Blick einfach nur in den Himmel zu richten?

Heilig

Natürlich ist es riskant, wenn man in vollem Gottvertrauen auch Menschen die Tür öffnet, die vielleicht in böser Absicht kommen. Man lässt jeden herein und wird dadurch verwundbar; so eine oft gehörte Sorge. Benedikt nennt in seinem Kapitel ausdrücklich keine Checkliste und keine Bedingungen für die Zulassung von Gästen. Er baut eine Art heiligen ›Kontrollmechanismus‹ ein, durch den man das Heft der Beurteilung aus der Hand gibt, wie schon bei der Liturgie, beim Friedensmechanismus in der Gemeinschaft. Jeder Klostergast merkt schnell, dass Gottesdienst zum Klosterleben gehört. Und dem sollte man sich nicht entziehen, so der Mönchsvater: »Zuerst sollen sie miteinander beten, und dann als Zeichen der Gemeinschaft den Friedensgruß austauschen. Diesen Friedenskuss darf man wegen der Täuschungen des Teufels erst nach dem Gebet geben.« (RB 53,4–5) Wird denn wirklich mit jedem zuerst gebetet? Das klingt heutzutage unrealistisch. Es geht auch nicht unbedingt darum, dass man mit jedermann immer erst einen Psalm rezitieren muss, quasi als Eintrittslosung. Mit »Gebet« ist genau jener Blick nach oben gemeint, sich in der Gegenwart Gottes auf das zu besinnen, worum es im Kloster geht.

Dann steht Gastfreundschaft nie zur Diskussion, weil sie eine heilige Grundlage hat. Der Gästebruder öffnet, ohne viel Aufhebens, dankt Gott, und schaut dann dem anderen, dem Gast, in die Augen. Eine völlig unscheinbare Willkommenskultur, denn viel mehr als die weisen Worte »Gott sei Dank« sagt er nicht. Das ist auch nicht nötig, denn damit ist zunächst einmal alles gesagt: dass man kein Recht hat, auch nur irgendwo Tür, Tor oder Grenze für sich zu beanspruchen. Wenn die persönlichen oder gesellschaftlichen Umstände dazu führen, dass an eine Pforte geklopft wird, dann ist das immer ein Geschenk und eine Gunst für alle Beteiligten.

Trotz aller widrigen Umstände, denen Migranten gerade heute ausgesetzt sind, und trotz aller Mühen für die bereits heimisch Gewordenen ist die einzige passende Antwort der Dank. Eine Willkommenskultur kann vom Kloster Bescheidenheit lernen. Sie ist weder übertrieben euphorisch noch niedergeschlagen, sondern ganz einfach dankbar. Jede spektakuläre öffentliche Begeisterung verschwindet irgendwann und droht sogar in Apathie umzuschlagen. Was dann bleibt, ist hoffentlich ein heiliges Fundament, an dem man kontinuierlich arbeitet und das sich im Verborgenen manifestiert. Damit meine ich schlicht die Motivation, sich von Gott anspornen zu lassen: Begegnung ist nicht spektakulär und erfordert keine großen Gesten. Ein einfaches Wort des Dankes und ein gemeinsames Lied sind genug.

Offen

Wir danken nicht dem Ankömmling, nicht den Nachbarn und auch nicht uns selber. Wir danken Gott. Diese Richtung des Dankes sorgt dafür, dass wir ihn nicht zur Beweihräucherung der eigenen ach so guten Absicht missbrauchen können. Gott zu danken bedeutet, für das Geschenk zu danken, dass jemand kommt. Das ist das Normalste der Welt, noch ganz unabhängig von allen Problemen, die sich später vielleicht ergeben können. Wir bleiben von selber offen, wenn wir für das Heilige offen sind. Ein Kloster bietet dafür den Freiraum, denn es ist abgesondert von den Zwängen und Grenzen der Welt. Es ist auch nicht einfach ein Gebäude, sondern eine Lebensweise: die Bereitschaft, seine eigenen Vorlieben, Ansprüche und Eigenschaften in den Dienst der Lebensform zu stellen.

Der Philosoph Giorgio Agamben sieht darin eine Möglichkeit, dass eine offene Lebensform zur radikalen Gesellschaftskritik wird, indem man Lebensraum teilt: »Die gemeinsame Wohnung ist die notwendige Voraussetzung des Mönchtums.« Mit Wohnung (*habitatio*) ist, ihm zufolge, nicht in erster Linie ein Haus gemeint, sondern eine Haltung, eine Tugend, die man miteinander ausübt und ausstrahlt. Wenn diese Haltung Menschen ausschließt, ist man auf dem Holzweg. Als Mönch muss man in seinem geschlossenen Leben einen offenen Raum bieten. Für Agamben ist das die »Tugend, durch die sich die Brüder unterscheiden«.[16] Den anderen dann grundsätzlich ohne Wenn und Aber anzunehmen, geschieht nicht aus eigener Vorliebe, sondern weil es zum Leben gehört. Das verkörpert der Mönch, und das macht seine Lebensform zum Stachel im Fleisch des politischen und ökonomischen Kalküls, das Zuwanderung effizient regeln will.

Praktisch machen wir uns an der Klosterpforte gleich ans Werk, so dass jeder, der will, seinen Platz findet. Wir fragen nicht, aus welchen Beweggründen der Gast zu uns kommt. Jeder kann mitsingen und keiner braucht sich ausgegrenzt zu fühlen. Das heißt natürlich nicht, dass jeder sich immer und überall zu Hause fühlen müsste, auch nicht im Kloster. Mancher Gast flüchtet schon nach kurzer Zeit wieder. Vielleicht gefällt ihm die Atmosphäre nicht, oder er ist nicht in der Lage, gemeinsam die nötigen Verhaltensregeln einzuhalten, dieselben Tugenden in Ehren zu halten. Niemand sagt, dass Klostergäste ewig bleiben müssen. Der Gästebruder wird niemandem eine Träne nachweinen. Andere Klöster gibt es genug. Jeder Mensch hat irgendwo seinen Platz. Vielleicht hört es sich naiv an, und doch zeigt die Erfahrung, dass Kommen und Gehen sich im Kloster von selber regulieren. Diese Selbstregulierung des Mikrokosmos Kloster ist nur durch die geteilte Tugend der Gastfreundschaft zu erklären. Ein kraftvolles Signal für unsere Gesellschaft.

Als ob irgendjemand froh sein müsste, dass er willkommen ist. Nein, es ist selbstverständlich, dass wir uns der Begegnung öffnen, als Ankömmling und als Einheimischer. Beide empfangen wir uns gegenseitig in dialogischer Gastfreundschaft. Wer das nicht tut, hat scheinbar vergessen, dass die Dankbarkeit nur »heilig« denkbar ist. Dafür benutzt der Gästebruder das Wort »Gott«. Natürlich hat dieses Wort im politischen Diskurs und im sozialen Handeln nicht immer etwas verloren. Für mich ist es ein kraftvolles Symbol für die Unumstößlichkeit der gegenseitigen Gastfreundschaft. Das Kloster ist im heutigen gesellschaftlichen Leben ein Kontrapunkt, der jeden etwas angeht, nicht nur Mönche und Klostergäste. Der Zusammenklang übersteigt die Logik menschlichen Miteinanders und lebt von der Magie des Moments.

Danken

Darum gibt mir das Danken des Gästebruders zu denken: was sagt uns seine unscheinbare Geste in Zeiten, in denen Grenzen geschützt werden und nicht Menschen? Die Aufgabe für alle Verantwortlichen besteht unmissverständlich darin, die Heiligkeit der Situation ans Licht kommen zu lassen, die heiligen Prinzipien nicht einzufordern, sondern sie dankbar anzunehmen. Denn darauf basiert menschliche Begegnung. Dafür braucht man weder Mönch noch Theologe noch religiös zu sein. Wohl ist ein Gespür vonnöten, dass gerade in politisch schwierigen Situationen über eine Dimension unserer Lebenswirklichkeit nachgedacht werden muss, die wir nicht in Strategien einfangen können. Dann dürfen wir keine Moralpredigt halten, sondern müssen das Unscheinbare tun.

Das Bewusstsein dafür wachzuhalten, ist die Aufgabe des Gästebruders an der Pforte. Und meine Aufgabe ist es, von ihm zu erzählen, seine Mission zu teilen. Das Herz spricht eine ganz schlichte Sprache: »Deo gratias«. Und das bietet Raum für radikale Offenheit.

Naiv

Dennoch ist auch der Mönch an der Pforte nicht so naiv, dass er sich bei jeder noch so unmöglichen Begegnung permanent hinters Licht führen ließe. Wer schon einmal ein Kloster besucht hat, weiß: die Gästebrüder sind keineswegs blauäugig. Auch das Programm ist im Kloster nicht beliebig oder unverbindlich. Ein guter Gästebruder wird stets Respekt gegenüber dem wichtigsten Pfeiler des mönchischen Lebens, dem Gottesdienst, einfordern und auch andere Gepflogenheiten vernünftig und auf Augenhöhe erläutern. Man könnte dies so missverstehen, dass auch ein spiritueller Antrieb letztlich in einer Art Selbstschutzmechanismus erstickt wird. Das wäre genauso zwingend oder abweisend wie die vielen Grenzen, von denen wir meinen, sie schützen zu müssen. Dann würde man doch wieder den eigenen Kirchenraum abschotten.

Wird den Gästen durch die Hintertüre nicht doch eine Identität aufgezwängt, die sie weder haben noch wollen? Ich erinnere mich voller Sorge daran, dass Benedikt davon spricht, man solle »zusammen beten«. Wie soll das denn bitte gehen, wenn Anhänger anderer Religionen und nicht-religiöse Menschen kommen? Ganz einfach, indem man innehält und sich zunächst einmal konkret über die Begegnung freut. Und wie soll man außerhalb des Klosters zusammen beten, wenn die Gesellschaft gar nicht mehr kirchlich ist? Indem man Momente schafft, in denen man gemeinsam innehalten kann. Das wäre doch mal eine Alternative zu vielen panischen Reaktionen.

Mich hat es immer sehr beeindruckt, wenn Flüchtlinge und Einheimische eine Gemeinschaft ausstrahlen, die im Gebet wurzelt. Der Zauber der Begegnung erinnert mich an den Grundsatz aus der Benediktsregel, dass Christus im Fremden zu uns kommt. »Zusammen beten« bedeutet im klösterlichen Sinne, geistliches Leben zu teilen. Erst wenn wir das getan haben, können wir darauf vertrauen, dass Gemeinschaft entsteht und wir Frieden erfahren, die Grundlage eines jeden würdigen menschlichen Lebens. Im Dorf meiner Kindheit war die scheinbar christliche Gemeinschaft so geschlossen, dass es ausgeschlossen war, »zusammen zu beten«, im wirklichen Sinne. Wahrscheinlich hätte auch ich nicht dafür sorgen können. Ich hätte in bierseliger Schützenverein-Atmosphäre wohl wenig ausrichten können. Vielleicht aber hätte ich im Kleinen einfach mit dem ein oder anderen Asylanten

Kontakt aufnehmen und dadurch ein wenig Freiraum schaffen müssen.

Ich habe immer davon geträumt, zu einem solchen Freiraum beitragen zu dürfen, und ich träume heute im Kloster mehr denn je davon. Es gelingt längst nicht immer, aber bemühen tue ich mich, und ich weiß, dass meine Mitbrüder das auch tun. Jeden Tag auf Neue. Ein Gedicht meines Weggefährten Konstantin Wecker, Liedermacher und Pazifist, ist für mich hier eine wichtige Inspiration:

»Ich hab einen Traum, wir öffnen die Grenzen und lassen alle herein. Alle, die fliehen vor Hunger und Mord, und wir lassen keinen allein.« Der naive Traum ist für viele verrückt: »Ja ich weiß, es ist eine kühne Idee, und viele werden jetzt hetzen: ist ja ganz nett, doch viel zu naiv, und letztlich nicht umzusetzen.« Was dann folgt, könnte nicht klösterlicher sein: »Doch ich bleibe dabei, denn wird ein Traum geträumt von unzähligen Wesen, dann wird an seiner zärtlichen Kraft das Weltbild neu genesen.«

Als ich unlängst ein sehr intensives Gespräch mit ihm darüber führen durfte, kamen wir auf den Gedanken: »Ja, das Kloster ist mitten im Leben, gar nicht weit weg.« Natürlich ist die Bühne des berühmten Sängers etwas anderes als eine kleine Abtei in den Niederlanden. Unsere Verbundenheit basiert aber letztlich auf der geteilten Spiritualität, die uns beide zur radikalen Offenheit und zur spirituellen Revolution ermutigt. Ich bin Konstantin, einem der Helden meiner Jugend, dessen Platten ich schon mit 18 Jahren hörte, sehr dankbar. Der Austausch mit ihm ist für die gesellschaftspolitische Seite meines Mönchtums ein wichtiger Impuls. Ich möchte als Mönch in dem bescheidenen Freiraum, den ich zur Verfügung stellen kann, einen unscheinbaren Beitrag zum »Traum vom genesenden Weltbild« leisten. Denn auch ich teile den Traum: »Ja, ich hab einen Traum von einer Welt, und ich träume ihn nicht mehr still: es ist eine grenzenlose Welt, in der ich leben will.«[17] Wir träumen ihn auch im klösterlichen Lied, gemeinsam mit den Gästen in der Kirche und gegen all diejenigen, die Fremde unwürdig, ohne angemessene Ehre behandeln. Konstantin Wecker schrieb mir dazu: »Du bist ein wahrer Bruder all derer, für die Rückzug und Einmischung, Meditation und gesellschaftliches Bewusstsein keine Gegensätze sind. Zu oft sieht man in Mönchen nur Welt-Flüchtlinge und übersieht das rebellische, ja subversive Element, das ihrer Lebensweise innewohnt. Der Mönch entzündet keine Barrikaden, aber er entzieht sich dem Konsum- und Konformitätsdruck, der ›draußen‹ auf uns Menschen ausgeübt wird. Er bewahrt sich und seine Menschlichkeit, und schon das ist Widerstand.« Es ist mir Appell und Freude zugleich!

8 Gehorsam

Am schwierigsten fand ich es von Anfang an, die klösterliche Tugend des Gehorsams mit meinem kritischen Weltbild zu verbinden. Gehorsam und Wut scheinen nur unter negativen Vorzeichen miteinander zu vereinbaren zu sein. Wenn ich auf etwas wütend bin, will ich Widerstand leisten und probe den Aufstand. Ich rebelliere gegen den Gehorsam. Als ich ins Kloster eingetreten bin, machte mich jede Form von Gehorsam, der mir abverlangt wurde, zunächst skeptisch. Ich empfand es als sicherer, Autoritäten anzuzweifeln. Denn wohin blinder Gehorsam führt, das hatte gerade die Geschichte des zwanzigsten Jahrhunderts wie keine frühere Epoche gezeigt. Vor allem aber fühlte ich diese Skepsis, wenn es um religiöse Gemeinschaften und Institutionen ging: Die sollten es doch wirklich besser wissen!

Ich war wütend auf die vielen – auch und gerade im Kloster –, die den Gehorsam anderer missbraucht hatten. Das begann bei subtilem psychischen Druck. Ich erinnere mich an eine schreckliche Geschichte, die mir ein alter Mönch erzählt hatte: Der Abt ließ einen jungen Novizen den riesigen Klostergang putzen. Direkt nachdem der Novize fertig war, lief der Abt absichtlich mit dreckigen Schuhen hindurch und sagte: »Dies ist eine Übung im Gehorsam für dich.« In solchen Fällen konnte Gehorsam beinahe sadistische Züge annehmen. Das konnte so weit gehen, dass Missbrauch sowie körperlicher und seelischer Gewalt Tür und Tor geöffnet wurden. Die vielen schrecklichen Nachrichten, die wir aus kirchlichen Einrichtungen hören, haben mit genau diesem Kadavergehorsam zu tun. Menschen werden kleingehalten, abhängig gemacht und systematisch missbraucht. Für jeden Christen sind diese unmenschlichen Unterdrückungsmechanismen im Haus des Herrn Anlass zu tiefer Scham.

Warum bin ich dennoch in ein Kloster eingetreten, wo Gehorsam bis heute eines der zentralen Gelübde ist? Ich stelle mir immer wieder die schwierige Frage, wie es angesichts all des schrecklichen Missbrauchs gelingen kann, eine gesunde Haltung gegenüber dem Gehorsam als Tugend anzustreben. Inzwischen nehme ich mir nicht mehr das Recht heraus, die jahrhundertelange Tradition des klösterlichen Gehorsams von vornherein als Irrtum der Geschichte abzutun. Denn ich habe auch die andere Seite des Gehorsams kennengelernt. Den Gehorsam, der befreit und Menschen vor der Diktatur ihrer Selbstsucht bewahrt. Den Gehorsam, der Freiheit und Sicherheit bietet. Ich habe erkannt, dass ein gesunder Gehorsam suchende Menschen vor Orientierungslosigkeit schützt. Das heißt nicht, dass jede Richtung vorgegeben, jeder Inhalt vorgekaut und jeder Schritt vorgeschrieben wird. Die Sicherheit des Gehorsams basiert auf dem Vertrauen zwischen allen Beteiligten und lässt alle zu selbständigen, freien Menschen heranreifen.

Argwohn

Seit den sechziger Jahren des vorigen Jahrhunderts hat Gehorsam in der Gesellschaft einen faden Beigeschmack. Die antiautoritäre Bewegung hat Gott sei Dank viele alte Zwänge aufgebrochen, unter denen viele Generationen gelitten haben. »Du kannst ein Kind nur erziehen, wenn du ihm vollständig vertraust, wenn ihr zu Weggefährten werdet«, so der grundlegende Tenor. Hier wird zu Recht jede Machtbeziehung ausgeschlossen, wenn es um die Führung von jungen Menschen geht. Aber bedeutet das, dass man nicht gehorsam sein kann? Ich habe selber immer wieder erfahren dürfen, dass es auch einen Gehorsam wider die Macht gibt. Wenn man sich freiwillig einem anderen Menschen anvertraut, kann dies unglaublich befreiend wirken. Es befreit von allen institutionellen Zwängen, in denen man sich bewegt, und von denen, die man sich selbst auferlegt hat. Dafür ist ein riesengroßes Vertrauen nötig. Es muss so groß sein, dass es nach *menschlichen* Maßstäben fast wahnsinnig zu sein scheint, wenn man freiwillig das Joch des Gehorsams auf sich nimmt. Nach *spirituellen* Maßstäben kann gerade dieser Wahnsinn Raum schaffen: für sich selber, für echte Begegnung mit anderen und für Gott. Gehorsam zu üben ist dann ein sehr mündiger Akt.

Dennoch gibt es Fälle von Unmündigkeit natürlich zuhauf. Ein Kollege an der Uni sagte kurz vor meinem Ordenseintritt:»Die meisten Mönche sind doch nie wirklich erwachsen geworden. Ihr infantiles Verhalten zeigt sich darin, dass sie selber keine Entscheidung treffen können und zugleich kindisch gegen ihren Abt rebellieren.« Natürlich ist das eine Einzelmeinung, eine persönliche Beobachtung. Aber steckt darin nicht auch ein Funke Wahrheit? Im Idealfall ermöglicht die Sicherheit eines Lebens im Gehorsam die Mündigkeit des Einzelnen. Wir Ordensleute geben unser Leben aus der Hand, um damit für ein höheres Gut als die Selbstbestimmung offen zu werden. Wir lassen alles von Gott bestimmen. In der Realität setzt das voraus, dass die Entscheidung, gehorsam zu sein, wirklich von einem autonomen Geist getroffen wird, nicht aus Schwäche, Angst oder Unsicherheit. Und alle Ordensgemeinschaften brauchen Obere, die dieselbe demütige Gehorsamkeit üben wie die anderen Mitglieder. Diese Art von Gehorsam ist ein subversiver Akt, ein utopisches Statement gegen jedes bessere Wissen.

Scheinsicherheit

Die Vorurteile gegenüber Menschen, die heute ins Kloster eintreten, sind hinlänglich bekannt: es sind Menschen, die ihr Leben selber nicht in den Griff bekommen, die mit sich und der Welt überfordert sind. Zugegebenermaßen bestätigt eine unmündige Form von Gehorsam häufig diese Vorurteile. Doch jemandem gegenüber gehorsam zu sein, kann auch verhindern, dass man sich verrennt, wenn der geistliche Weg nicht mehr gut verläuft. Jeder kennt solche Tiefpunkte. Dann kann ein gehorsames Folgen Stütze und Hilfe bieten. Aber wer sagt mir, dass ich dann der richtigen Person folge? Sobald ich diese Frage stelle, ist das notwendige grenzenlose Vertrauen schon nicht mehr vorhanden. Dennoch darf das Vertrauen auch kein blindes Vertrauen sein. Sonst wird die stützende Sicherheit zu einer Scheinsicherheit, und das gehorsame Klosterleben zu einem Gefängnis. Gerade wegen solcher Vertrauensbrüche ist das Klosterleben vieler zerbrochen.

Wäre es vor diesem Hintergrund nicht besser, für einen geistlichen Weg heute ganz auf die Tugend des Gehorsams zu verzichten? Hat sie doch ihre Sinnlosigkeit hinlänglich bewiesen. Diese Frage stellt sich übrigens nicht nur im klösterlichen Milieu. In vielen Lebensbereichen gibt es Verhältnisse, in denen wir anderen folgen, uns ihrer Führung anvertrauen müssen. Wir sollten uns immer wieder darüber im Klaren sein, dass ein vollkommen autonomes Leben unmöglich ist. Menschen leben immer in einer gegenseitigen Wechselbeziehung, sind voneinander abhängig. Es gehört wohl zu den größten Trugschlüssen der modernen Gesellschaft, dass man ein Leben in völliger Selbstbestimmung leben könnte. In diesem Fall ist man genauso blind wie in einer Diktatur. Darum ist ein sehender und mündiger Gehorsam hilfreich, um den Scheinsicherheiten des Lebens entgegenzutreten.

Befreiung

Bevor man sich solche Gedanken machen kann, ist zunächst eine radikale Befreiung nötig. Mir hat dabei ein Autor geholfen, dessen Bücher für mich im wahrsten Sinne des Wortes zu Dialogpartnern wurden. Der deutsche Psychologe Arno Gruen (1923–2015) war ein mutiger Kämpfer für persönliche, gesellschaftliche und soziale Befreiung. Sein Leben lang kämpfte er gegen totalitäre Einflüsse, von der Nazi-Ideologie bis hin zur heutigen Bedrohung durch Terror und Fremdenhass. Er macht kurzen Prozess mit dem Gehorsam und baut eine Brücke zwischen seiner Persönlichkeitspsychologie und mündigen Formen von gesellschaftlichem Engagement. »Blinder und unmündiger Gehorsam bestätigt«, so Gruen, »nur die Unterdrückung und Ablehnung, die wir in unserer Kindheit erlebt haben.«[18] So wird das eigene Leben aus Angst ausgegrenzt. Wir projizieren unser Verlangen nach Vertrauen in etwas außerhalb unserer selbst, und werden es nie finden. Ich habe mich durchaus am Werk Gruens gerieben, als ich ins Kloster eintrat.

Es klingt paradox: Ich wollte einerseits selbständig sein und andererseits den Grundsatz annehmen, dass ich nicht selber die letzte Instanz für meine Entscheidungen bin. Aber schließen sich Gehorsam und Autonomie nicht gegenseitig aus? Solange der Gehorsam kein Selbstzweck ist, sondern einen spirituellen Hintergrund hat, ist die Gefahr eines blinden und unmündigen Gehorchens gering. Spiritualität hilft uns dabei, unsere verborgenen Charakterzüge ungeschönt anzunehmen. Wir haben die Sicherheit, dass wir sie loslassen und in andere Hände legen können. Nur vor einem solch offenen und spirituellen Horizont ist es möglich, eine Basis zu schaffen, um ins Kloster eintreten zu können. Dazu bedarf es einer spirituellen Reife, die man in der klösterlichen »Schule des Gehorsams« entwickeln kann.

Spiritueller Gehorsam garantiert eine Sicherheit, die weder von zufälligen Konstellationen noch von spontanen Neigungen und Reaktionen abhängig ist. Der australische Trappistenmönch Michael Casey erkennt in dieser Haltung die Basis für alle klösterlichen Tugenden. Er schreibt: »Ich brauche dann keine Lügen und Ausreden, um meine Wichtigkeit in den Augen meiner Mitmenschen aufzublähen oder mein Selbstwertgefühl zu festigen«.[19] Eigentlich bedeutet das, dass ich gehorsam sein kann, indem ich ungehorsam bin. Ich demaskiere den falschen Gehorsam, der das Selbstbild und das

Bild der Mitmenschen beeinträchtigt. Ich bin ungehorsam gegenüber jeder Fassade, indem ich mich für eine Sicherheit entscheide, bei der alle Beteiligten wissen, dass sie nicht selber darüber verfügen können. Ich brauche Gehorsam dem ultimativen Lebensziel gegenüber.

So schön es auch klingen mag, was muss man sich unter spirituellem Gehorsam vorstellen, der zugleich zum gesellschaftlichen Ungehorsam beitragen kann? Ich habe im Kloster schnell gemerkt, wie wichtig es ist, den Abt nicht als omnipotenten Befehlshaber zu sehen. Vielmehr müssen wir immer daran denken, *gemeinsam* gehorsam zu sein. Dabei hilft vor allem das Bewusstsein, dass keiner besser weiß, was richtig oder falsch ist, sondern dass wir bereit sind, uns für eine Entscheidung zu öffnen, die wir in letzter Instanz nicht selber treffen. Das bewirkt eine enorme Freiheit. Ich merke das vor allem daran, dass ich mich an den Universitäten, an denen ich arbeite, freier bewege, seitdem ich als Mönch nicht jedes Projekt annehmen muss. Ich kann alles in Ruhe und auf Augenhöhe mit meinem Abt besprechen. Bis jetzt habe ich noch nicht erlebt, dass eine Entscheidung völlig unakzeptabel gewesen wäre. Ich gehorche lieber dem Abt als den Mechanismen des harten akademischen Marktes und meines wissenschaftlichen Egos.

Ungehorsam

Dennoch müssen wir alle stets vor einem falschem Gehorsam auf der Hut sein. Das können wir von einem kritischen Denker wie Arno Gruen lernen. Es gibt viele Mönche, die auch heute noch darüber klagen, dass am Anfang ihres Klosterlebens ein sklavisches Verständnis von Gehorsam stand, das in schöne geistliche Worte gehüllt wurde. Michael Casey bestätigt das: »Das Beschwören einer Idylle bemäntelt in Wirklichkeit die Tyrannei. Nicht wenige Klöster werden mit eiserner Route und samtweicher Zunge beherrscht.« Unter dem Vorwand der geistlichen Begleitung führt ein solches Regime zu blindem Gehorsam, der früher oder später unmündig macht. Menschen werden dadurch in ihrer Identitätsentwicklung behindert. Das kann aber nicht die Synthese zwischen klösterlichem Gehorsam und kritischem Selbstbewusstsein sein, nach der ein moderner Mönch sucht!

Gruen zufolge geht eine unmündige Unterwerfung unter das Gehorsamsgebot bei manchen jungen Menschen auf die früheste Kindheit zurück. Das hemmt unsere Entwicklung: »Die Angst, ungehorsam zu sein, führt dazu, sich dem Unterdrücker unterzuordnen. Indem man sich mit dem Unterdrücker verbündet, kehrt man seine Gewalt und Verachtung in Liebe um. Rechtsradikale Führer gelangen deswegen besonders häufig in Zeiten gesellschaftlicher Umbrüche an die Macht.«[20] Es gibt offensichtlich so etwas wie einen »opportunistischen Gehorsam«. Weil wir Angst davor haben, dass Menschen uns nicht lieben, machen wir uns lieber von ihnen abhängig. Indem wir dem anderen unkritisch folgen, schirmen wir uns in einem Klima der scheinbaren Zuneigung ab.

Eine solche Scheinwelt, die auch im Kloster häufig einer Entwicklung der eigenen Mündigkeit im Wege steht, überfordert sowohl den Abt als auch den jungen Mönch. Beide sind dann nicht mehr in der Lage, Verantwortung zu übernehmen. Unmündigkeit und Willkür sind die Folge. Und das klösterliche Leben verliert seine spirituelle Tiefe. Niemand ist dem anderen gegenüber noch wirklich offen. Der Kontakt bricht ab, vor allem im emotionalen Bereich. Die Freiheit für das, worum es eigentlich geht, ist gehemmt. Solche Reaktionen und Blockaden stellen für mich immer wieder eine Herausforderung dar. Denn natürlich gibt es Entscheidungen, mit denen man nicht sofort einverstanden ist.

Im Kloster können diese Strukturen manchmal wie unter einem Vergrößerungsglas zutage treten. Dem Abt als unumstößliche Instanz des Gehorsams kann man kaum aus dem Weg gehen. Wenn er versucht, Macht auszuüben, verwandelt sich das Kloster in einen offenen Kriegsschauplatz, auf dem alle, die Gehorchenden und der Obere, ihre Menschlichkeit verlieren: Während der Abt fürchtet, seine Macht zu verlieren, sucht der junge Mönch verzweifelt nach Anerkennung, um sich angenommen zu fühlen. Diesen Teufelskreis zu durchbrechen und sich von solchen Strukturen frei zu machen, ist für einen engagierten Wissenschaftler wie Arno Gruen nur in einer »Schule des Ungehorsams« möglich. Er nennt zwei Kernbegriffe, die zeigen, dass spiritueller Gehorsam den Ungehorsam voraussetzt: *Empathie* und *Identität*.

Ich erinnere mich noch gut an eine Situation mit meinem ersten Abt, bei der es darum ging, wie viel Zeit ich auf die damals anfallende Pflege für meine Mutter würde verwenden können. Ich hatte das Gefühl, dass ich nicht allen Pflichten nachkommen konnte – im Kloster, bei meiner Mutter und an anderen Stellen. Ich war selber mit der Situation überfordert. Ich hielt mich für mündig, war es aber nicht. Das führte dazu, dass ich mich in Gesprächen völlig einigelte. Ich äußerte meine eigenen Bedürfnisse nicht mehr und sah mich selber als »Opfer des Gehorsams«, da mir zu verstehen gegeben wurde, ich müsse mehr in der Abtei sein. Das fand ich ungerecht, denn ich war meistens für meine Mutter unterwegs, die Hilfe brauchte. Der damalige Abt erkannte irgendwann diese Blockade und sprach mich darauf an. Dammbrucharτig strömten meine Gefühle heraus. Die Empathie meines Abtes half mir, die Blockade zu lösen. Zuvor aber hatte ich mich am Gehorsam reiben, meine zwanghafte Sorge um meine Mutter erkennen müssen, um so weit zu kommen und buchstäblich von meinen Zwängen befreit zu werden.

Empathie

Menschen entwickeln Mechanismen, um ihre Unfähigkeit zu verbergen, sich ihren Schwächen zu stellen. Wenn ich mich selber unfähig fühle, einen Konflikt offen auszutragen, kann ich nur distanziert darüber reden. Ich rationalisiere ihn und ziehe mich dadurch zurück. Oft handelt es sich aber nicht um ein rationales Problem, sondern um ein emotionales. Blinder Gehorsam lässt uns die eigenen Gefühle verdrängen. Ich brauche den anderen gar nicht mehr wirklich wahrzunehmen und verschließe mich ihm gegenüber. Wenn ich meinem Abt also blind gehorche, werde ich ihm als Mensch nicht gerecht. Gruen bevorzugt eine andere Haltung: »Der Kampf gegen diesen Gehorsam muss nicht nur mit dem Verstand, sondern auch mit den Gefühlen, die dem verblendeten Gehorsam zuwiderlaufen, ausgetragen werden. Damit ist ganz allgemein die Empathie gemeint: Unsere Fähigkeit, mitfühlend auf unsere Umwelt einzugehen.« Empathie bedeutet Perspektivwechsel. Begegne ich meinem Abt noch mitmenschlich? Sieht der Abt noch den Menschen im einzelnen Mönch? Ohne empathische Kommunikation ist Verblendung von beiden Seiten vorprogrammiert.

Aber Empathie ist keineswegs selbstverständlich. Für mich musste die Situation, als ich meine Mutter versorgen musste, erst konkret werden. Vorher projizierte ich die eigene Not auf »andere«. Menschen schaffen sich »Abstraktionen« von ihren Mitmenschen, und die bestimmen ihre Wahrnehmung. Zu diesen Abstraktionen gehört die »Marktposition« einer Person. Wir nehmen oft nicht mehr die Person wahr, sondern ordnen einen Menschen aufgrund seiner Einflusssphäre ein. Auch die hierarchischen Verhältnisse in einem Kloster können zu einer solchen Abstraktion werden, mit gefährlichen Folgen: Wir rationalisieren unsere Gefühle, indem wir kalkulieren, welche Rolle der andere im Klostergefüge spielt. So stellt Gruen fest: »Man lässt das Wohl des Menschen außer Acht und negiert den gesamten Bereich des Leidens und des Schmerzes.«[21]

Klostergehorsam setzt Empathie vonseiten aller Beteiligten voraus. Mönche müssen ihrem Abt mit Mitgefühl begegnen. Er ist in erster Linie ein Mensch, erst in zweiter Hinsicht hat er eine bestimmte Funktion inne. Seine Rolle als Oberer wird erst dann zur Abstraktion, wenn die Wahrnehmung unmenschlich wird. Auf die Frage »Wovor hast du Angst?« lautet dann die Antwort: »Dass der Abt mir nicht mehr wohlgesonnen ist, wenn ich ihm nicht seinem Amt entsprechend folge.« Oder aus umgekehrter Perspektive: »Dass die Mönche mich nicht mehr als Oberen sehen, wenn ich mich nicht ausdrücklich in meinem Amt an sie wende.« Solche Missverständnisse kann man nur in einer »Schule der Empathie« aus dem Weg räumen. Ich weiß heute, dass gerade Situationen, in denen ich mich am Gehorsam gestoßen habe, Fortschritt bedeuteten.

Identität

Unmündiger Gehorsam entsteht immer dann, wenn wir vor Krisen zurückschrecken. Wie oft neigen wir dazu, mit zig Ausreden allem aus dem Weg zu gehen, was schmerzhaft sein könnte? Wir gehen auf Nummer sicher: keine Anstrengung, keine Konfrontation und schon gar keine Niederlage. Dass unsere eigene Entwicklung dadurch behindert werden kann, nehmen wir in Kauf. Diese Art von Fluchtverhalten ist das Gegenteil von einem mündigen, erwachsenen Umgang mit den Herausforderungen des Lebens. Nur eine gereifte Persönlichkeit, die sich in Krisenmomenten bewährt hat, Verantwortung übernimmt und unangenehmen Folgen nicht aus dem Weg geht, ist wirklich mündig: »Wahre Kraft entsteht durch das Erleben von Leid und Schmerz. Nur durch Leid und Schmerz lässt sich erfahren, dass Sicherheit ein Zustand in uns selbst ist, eine innere Kohärenz, die auch dann bestehen bleibt, wenn wir schwach und hilflos sind«, so Arno Gruen.[22]

Im Kloster kann das nichts anderes bedeuten, als dass der Schmerz, den die manchmal unvermeidliche Konfrontation mit dem Abt hervorruft, den Mönch stärker, gefestigter und eben nicht schwächer und labiler macht. Es ist letztlich eine

Konfrontation mit mir selber. Spiritueller Gehorsam kann mit Leiden einhergehen, aber genau dieses Leiden gibt mir die Kraft, verantwortlich ungehorsam sein zu können. Sowohl für den Abt als auch für den Mönch kann das eine ganz schöne Prüfung bedeuten. Man kann sie nur bestehen, wenn auf beiden Seiten Verantwortung übernommen wird. Wird jedoch Verantwortung missbraucht oder abgeschoben, verkommt der spirituelle Gehorsam zu einem unzumutbaren Machtkalkül.

Wenn wir durch das Bewusstsein, auch vor Gott verantwortlich zu sein, ein gegenseitig getragenes Gehorsamsverhältnis pflegen, ist damit ein lebenslanger Weg zu einer reifen Identität geebnet. Denn auch im Kloster ist der Weg nie zu Ende. Man muss nicht nur im Noviziat gehorchen, sondern immer. Manche Entscheidungen wird man auf dem langen Weg des Gehorsams gegen seinen Willen in Kauf nehmen müssen. Für das höhere Ziel einer spirituellen Freiheit haben schon zahlreiche Generationen von Mönchen Entscheidungen akzeptiert, die ihnen anfangs nicht in den Kram passten. Im Nachhinein erweisen sie sich oft als richtig, so paradox das auch klingen mag. Wir wären nicht wir selber, wenn wir nicht bereit wären, Entscheidungen mündig mitzutragen, im Vertrauen darauf, dass Gott der letzte Entscheidungsträger ist.

Der Streit wider den blinden und unmündigen Gehorsam, den Gruen in seinen Büchern führt, bezieht sich auf sehr reale Gefahren in der Gesellschaft, beispielsweise den ungezügelten Kapitalismus oder die Bedrohung durch Ideologie und Terrorismus. Diese Gefahren sind seiner Meinung nach auf einen falschen Gehorsam zurückzuführen. Darum stellt er immer wieder die Frage, ob es für uns nicht einfacher ist, ungehorsam zu sein als den wahren Gehorsam zu lernen. Wer ohne nachzudenken gehorsam ist, öffnet der Ideologie Tür und Tor, im Kleinen wie im Großen. Fundamentalismus und Totalitarismus gibt es im Mikrokosmos des Klosters genauso wie in der großen Welt der Gesellschaft. Spiritueller Gehorsam, der die Verantwortung gegenüber Gott zum Maßstab für Mündigkeit und Aufklärung macht, ist mehr denn je vonnöten. Je länger ich im Kloster lebe, desto mehr fühle ich mich dazu berufen, diesen spirituellen Gehorsam zu lernen, so schwer es manchmal auch fallen mag.

Gerüstet

In der Tradition des Mönchtums ist Gehorsam von Anfang an eine wesentliche Tugend. Sie ist und bleibt eine Haltung, die den Mönch vor Egozentrismus und Willkür schützt. Der heilige Benedikt schreibt im Prolog seiner Regel: »Wir müssen unser Herz und unseren Leib zum Kampf rüsten, um den göttlichen Weisungen gehorchen zu können.« (RB Prol 40) Diese militärische Terminologie steht auf den ersten Blick im scharfen Kontrast zu Arno Gruens Motiven, den Kampf gegen den blinden und unmündigen Gehorsam anzutreten. Dennoch muss der monastische Gehorsam nicht automatisch blind und unmündig machen. Ich kenne viele Mönche, die dem vehement widersprechen würden, und in aller Bescheidenheit zähle ich mich auch zu ihnen. Es geht im Kloster keineswegs um eine Art der Untertänigkeit und Folgsamkeit, die moderne Menschen automatisch ihrer Identität beraubt.

Benedikt verwendet die Metapher des »gerüsteten Soldaten«, um etwas über den Streit auf dem geistlichen Weg zu sagen. Der Mönchsvater spricht nicht über einen zwischenmenschlichen Streit. Es geht ihm nicht einmal darum, die Fähigkeiten des Menschen zu unterstreichen: »Für alles, was uns von Natur aus kaum möglich ist, sollen wir die Gnade und Hilfe des Herrn erbitten.« (RB Prol 41) Beim Militär tut man, was man kann. Als »geistlicher Soldat« akzeptiert man, dass man nur wenig kann. Ein Ordensmann führt den Streit mit sich selber und kann ihn alleine nicht gewinnen. Das Ziel des klösterlichen Gehorsams fällt in den göttlichen Zuständigkeitsbereich. Die Tugend setzt eine große Bescheidenheit voraus. Reiner Kadavergehorsam ist eine Eigenschaft, die man bekämpfen muss, im Kloster und in der Welt. Er hat mit Gott nichts zu tun. In der heutigen Zeit kann es keine aufrichtige Gehorsamkeit mehr geben, die den Kampf »wider den Gehorsam« nicht aufgenommen hat.

In der Benediktsregel finden wir Passagen, die dazu anhalten, die Untugend des blinden Gehorsams zu vermeiden: »Ein Gehorsam dieser Art ist nur dann Gott angenehm und für die Menschen beglückend, wenn der Befehl nicht zaghaft, nicht saumselig, nicht lustlos oder gar mit Murren und Widerrede ausgeführt wird.« (RB 5,14) Das ist keine Umschreibung des blinden Gehorsams. Hier geht es um Loyalität, aus der eine offene Haltung erwachsen kann: die spirituelle Tugend des Gehorsams. Nur mit einer loyalen Grundhaltung kann man über Sinn und Unsinn einer Handlung nachdenken. Mit Irritation und Frustration kann man auf schwierige Situationen nicht weise und tugendhaft reagieren. Dass Mönche nicht desinteressiert oder naiv sind, wie wir Benedikts Attribute übersetzen können, und doch spontan Folge leisten, ist ein Akt des Widerstands gegen die Diktatur der Gewinnoptimierung in allen Lebensbereichen, denn: »Der Gehorsam, den man den Oberen leistet, wird Gott erwiesen.« (RB 5,15)

Auftrag

Gott als Adressat des Gehorsams ist niemals das Resultat einer Güterabwägung. Das hat aber auch zur Folge, dass es nicht im Ermessen des Menschen liegt, wann Gehorsam angemessen ist und wann nicht. Grundsätzlich ist immer Gott derjenige, der die richtige Entscheidung trifft. Etwas weniger theologisch ausgedrückt: Man kann nur klar sehen, wenn man sich gemeinsam für den eigentlichen Sinn einer Situation öffnet. Mönch und Abt sind dazu beide gleichermaßen verpflichtet. Wenn sie noch nicht miteinander kommunizieren können, besteht die erste Übung darin, sich daran zu gewöhnen.

Mündiger Gehorsam bedeutet in der klösterlichen Wirklichkeit, dass alle Beteiligten gleichermaßen bereit sind, offen miteinander zu reden. Er schließt eine Diktatur aus, auch wenn es zunächst scheint, als würde Benedikt seine Mönche zu einer Art unmündigem Gehorsam verdonnern: »Wenn einem Bruder etwas aufgetragen wird, das ihm zu schwer oder unmöglich ist, nehme er zunächst den erteilten Befehl an, in aller Gelassenheit und im Gehorsam.« (RB 68,1) Warum sollte man einen Auftrag übernehmen, der von vornherein unmöglich ist? Wer nicht gleich den Aufstand probt, zeigt nun gerade, dass er zur Empathie in der Lage ist. Wenn er dann einmal angefangen hat, kann und muss der Mönch selbst Verantwortung übernehmen und kann erklären, warum seiner Ansicht nach die Entscheidung des Abtes falsch ist, »ohne Stolz, ohne Widerstand, ohne Widerrede.« (RB 68,3) Empathische Kommunikation ist das Gebot der Stunde, nicht eine vehemente Diskussion oder Verhandlung.

Heutzutage werden sich sicher viele Menschen fragen, wie man ohne gute Argumente loyal sein kann. Bei der Arbeit und der Erziehung begründen wir jeden einzelnen Schritt schon im Vorfeld. Diese rationale Herangehensweise ist im klösterlichen Sinne jedoch einseitig. Schnell versandet sie in einer Streitkultur. Das einzige Argument für die Loyalität im Kloster ist die spirituelle Verbundenheit, jene geteilte Verantwortung gegenüber Gott. Wie viele Situationen gibt es, in denen wir nicht wissen, was die beste Lösung ist, obwohl wir intensiv darüber nachdenken. Dem Mönch hilft der mündige Gehorsam, um nicht in eine Sackgasse zu geraten: »Wenn er seine Bedenken geäußert hat, der Obere aber bei seiner Ansicht bleibt und auf seinem Befehl besteht, sei der Bruder überzeugt, dass es so für ihn gut ist.« (RB 68,4) Manchmal muss man aber auch etwas tun, was man gerne vermieden hätte. Das ist oft schmerzhaft. Es ist schon erstaunlich, dass wir in der »Schule des Gehorsams« letztlich bei derselben

Prüfung durch Schmerz und Leid auskommen, die für Arno
Gruen mit der »Schule des Ungehorsams« verbunden ist.

Unlösbar

Wenn ich ehrlich bin, bleibt das Problem, das ich von Anfang
an mit dem Gehorsam hatte, bis heute bestehen: Wie kann ich
mein Engagement, meinen rebellischen Geist, mit dieser Haltung in Einklang bringen? Natürlich hilft es mir, wenn ich
mich an meinen Vorbildern im Ungehorsam wie Arno Gruen
und vielen anderen in großer Verbundenheit reibe. Ich kann
dadurch ein bisschen erwachsener werden. Die letztliche
Antwort habe ich aber noch nicht gefunden. Ich bin viel zu
sehr ein Kind meiner Zeit und erpicht auf Selbstbestimmung,
als dass mir Gehorsam jemals leichtfallen könnte. Genau darum tröste ich mich in besonders schweren Momenten mit
jenem paradoxen Prinzip des *gehorsamen Ungehorsams*. Wenn
wir uns wirklich vom Zeitgeist unterscheiden wollen, wenn
wir dem Zwang, alles selber und besser wissen zu müssen,
entgehen wollen, ist es eine verrückte, aber gerade darum
überraschende Wendung, *gehorsam* zu sein. Ein unlösbares
Problem löst man nur, indem man die Lösung aus der Hand
gibt. Nicht weil ein anderer es besser weiß, sondern weil man
»den lieben Gott walten lassen muss«, wie es in einem Kir-
chenlied heißt. Das wusste auch Benedikt: »Im Vertrauen auf
Gottes Hilfe gehorche der Mönch aus Liebe.« (RB 68,5)
    Die Pflege meiner Mutter haben wir inzwischen gemein-
sam gut sichergestellt. Wir haben die Hoffnung nicht aufge-
geben, und das hat uns weitergebracht. In meinem momentanen Mönchsleben existiert nun das scheinbar unlösbare
Problem, wie ich meine öffentlichen Lesungen mit der klösterlichen Abgeschiedenheit verbinden kann. Einerseits sollte
ich als Mönch ja so viel wie möglich zu Hause sein. Andererseits gehört es auch zu meiner persönlichen Berufung, meine
Lebensform mit den vielen Suchenden zu teilen und darü-

ber zu sprechen. Ein klassisches Dilemma. Wenn manchmal viel mehr Einladungen auf den Tisch kommen, als gut für mich wären, befreit es mich, dass ich den Vortragsplan mit meinem Abt besprechen und ihm letztlich die Entscheidung überlassen kann. Ich fühle mich sicher nicht immer spontan verstanden, wie auch schon seinerzeit von meinem ersten Abt, der mir zu verstehen gab, ich sei zu viel weg. Doch wird der Obere nichts tun, was sich nicht in unserem Dialog als das Sinnvollste erwiesen hat. Auch wenn ich das spontan nicht immer so sehe, wenn ich doch gerne noch diese eine Fernsehsendung, in der ich eingeladen bin, zusätzlich angenommen hätte. Das würde aber bedeuten, den Marktmechanismen oder meinem eigenen Ego zu verfallen. Und da gehorche ich mit meinem Vater Abt zusammen doch besser dem lieben Gott.

Meine Revolution beginnt damit, dass ich mich unterordne. Nicht dem Abt, sondern dem Besten, was die Situation für uns bereithält. Ich erfahre Befreiung, indem ich zunächst akzeptiere, was mir zuteilwird. Für mich ist, bei allen mulmigen Gefühlen und zwiespältigen Gedanken, klösterlicher Gehorsam der radikalste Akt, den ich mir vorstellen kann. Er entzieht sich allen gesellschaftlichen Zwängen und fügt sich sehend und mündig in die Ordnung Gottes ein.

9 Radikalität

»Sei doch nicht so radikal«, sagte früher oft ein Schulfreund zu mir. Ich war dann meist wütend auf Lehrer oder Mitschüler, fest davon überzeugt, dass ich durch meine eigene Meinung, für die ich unerbittlich eintrat, unsere Welt verändern könnte. Er war eher jemand, der sich zurückzog und Konfrontationen scheute. Mir gefiel der Gedanke, radikal zu sein. Ich liebte den Kampf, den heroischen Versuch, von der Norm abzuweichen. Ich sah es als meine Verantwortung, eine andere Welt zu schaffen, zunächst im kleinen Umfeld der Schule. Mein Freund hingegen wollte eher seinen Platz in den bestehenden Verhältnissen finden. Er arrangierte sich und bemühte sich darum, sich mit allen gut zu verstehen. Für ihn war der Kompromiss oberstes Gebot. Ich wurde Klassensprecher und eckte oft an. Radikal sein hieß für mich, keine Kompromisse einzugehen. Wir beide wurden in einer Umgebung erzogen, wo man Radikalität eigentlich nicht kannte. Ein Gymnasium Ende der achtziger Jahre war ein Ort, wo die Frage nicht gestellt wurde, ob man radikal sein sollte, und vor allem, was das eigentlich bedeutete.

Wir haben uns oft in die Wolle gekriegt. Mein Freund hielt mich für zu radikal und ich ihn für zu angepasst. Aber konnte ich wirklich für mich in Anspruch nehmen, konsequent gegen den Strom zu schwimmen? Und war mein Freund wirklich an Kompromissen zum Wohle der Gemeinschaft interessiert? Beides wäre durchaus löblich und könnte Ausdruck eines engagierten Lebens sein. Letztlich spielte aber auch Opportunismus eine große Rolle. Das warfen wir uns munter gegenseitig vor: »Du musst immer alles anders machen, weil du dann selber besser dastehst«, sagte er. Und ich entgegnete ihm: »Dir geht es gar nicht darum, dass unsere Klassengemeinschaft gut funktioniert. Du verhältst dich

wie ein Duckmäuser, um selber deinen Vorteil rauszuholen.«
Beides war sicher ungerecht, aber es lag eben doch ein Kern
Wahrheit darin. Wie viele Ideale entpuppen sich innerhalb
kürzester Zeit als bloße Maschen, die wir uns aneignen, um
keinen Nachteil zu haben, uns profilieren oder uns unauffäl-
lig verhalten zu können?

Heute finde ich, dass mein damaliges Verhalten auch im
landläufigen Sinne überhaupt nicht radikal war. Es erscheint
mir inzwischen wie ein oberflächlicher Versuch, mich von
anderen zu unterscheiden, weil ich eben mit dem Status
Quo nicht zufrieden war. Das war vielleicht ambitioniert,
aber ich assoziiere mit »radikal« heute etwas ganz anderes.
Mein Schulfreund war eigentlich nicht weniger radikal als
ich. Denn sein Angepasst-Sein war auch eine Art, sich als
Person von anderen, nicht zuletzt von mir, abzuheben. Aber
es blieb auch in seinem Fall bei einer eher oberflächlichen
Strategie, sich in einer konkreten Situation zu profilieren.
Das war in den Achtzigern gar nicht so einfach, denn es gab
keine dominante Subkultur. Natürlich gab es verrückte Mo-
den, aber die in anderen Jahrzehnten sehr offensichtlichen
Gegensätze zwischen einem angepassten und einem unan-
gepassten Leben waren für uns kaum wahrnehmbar. Letztlich blieben wir alle eher konventionell in unseren Lebens-
strategien, auch wenn wir zu Punkkonzerten gingen und an
Demos teilnahmen.

Von Grund auf

Radikal zu sein heißt, dass man seinen Weg konsequent geht,
egal mit welchen Verstörungen man zu kämpfen hat – von
Grund auf eben. Es geht nicht darum, dass der Radikale
im krassen Gegensatz zur Gesellschaft steht, während der
Kompromissbereite sich anpasst. Radikal sein bedeutet nicht,
dass man keine Kompromisse eingehen kann. Denn auch
das kann man im Dienste der Gemeinschaft durchaus konse-

quent zu seiner Haltung machen. Wichtig ist, dass man nicht opportunistisch und oberflächlich ist. In der Schule waren also weder mein Freund noch ich wirklich radikal, weil wir noch viel zu opportunistisch handelten. Und wir waren es zugleich beide ein bisschen, weil wir jeder ein Ideal vor Augen hatten.

Als ich später an die Uni kam, hatte ich die Illusion, dass ich dort wie von selber auf ein radikales Leben stoßen und jeden Opportunismus mit der Wurzel ausrotten können würde. Mein Ideal von einem Intellektuellen bestand darin, dass er als Bohemian von Berufswegen gegen den Strom schwimmt. Akademiker waren Leute, die durch ihr Wissen Macht hatten. Diese Macht verwendeten sie, um anders zu sein, unbeirrt für »das Richtige« einzutreten und die Welt zu verändern. Sicher gibt es diese Art von Akademikern, und ich habe das große Glück, einige von ihnen heute zu meinen besten Kollegen und Freunden zählen zu dürfen. Aber sie haben es zunehmend schwerer. Schnell merkte ich, dass man als Student keineswegs zur Konsequenz, also zur Radikalität, erzogen wurde. Im Gegenteil, der Opportunismus griff auch hier schnell um sich und erfasste auch mich.

Als Student ging es schon damals längst nicht immer darum, in einer »herrschaftsfreien Kommunikation« – von der ich nach einer ersten Lektüre des umfangreichen soziologischen Werkes von Jürgen Habermas träumte – Wissen zu erlangen, das eben nicht nur die eigene Position bestätigte, sondern im Miteinander kritischer Personen entstand.[23] Das Wissen, das uns vermittelt wurde, maß sich oft an den Maßstäben zukünftiger Berufschancen. Und die Prüfungskultur stand dem Leistungsdruck in der Schule, der uns allzu angepasste Typen als »Streber« beschimpfen ließ, in nichts nach. Konkret denke ich an die Fächerstruktur, wie sie heute an Unis gang und gäbe ist. Die Zielsetzung muss vorher vom Dozenten präzise formuliert werden, und am besten fügt er pro Vorlesung eine Hausaufgabe für die Studenten hinzu, in der sie das Gelernte gleich einüben können. Das klingt vernünftig. Aber es kann eben auch zu einem sehr strategischen Studieren verführen, das kaum mehr Freiheit lässt, unerwartetes Wissen zu entwickeln. Kreativität setzt nämlich Umwege voraus. Als Student wurde ich selber zum Streber. Ich tat alles dafür, schnell und effektiv meine Prüfungen zu absolvieren. Auch merkte ich schon bald, dass ich mir in der Rolle gefiel, meine Ergebnisse zu präsentieren. Das ist vom Prinzip her natürlich nicht falsch, aber es ging längst nicht mehr um Kommunikation, sondern um Selbstdarstellung, um schnellen Erfolg.

Bis heute habe ich als Akademiker mit dieser Art von Problemen zu kämpfen. Ich sage es unumwunden: eine Uni kann eine große Ego-Schmiede sein, in der man vor allem damit beschäftigt ist, seine Position für die Fremd- wie für die Selbstwahrnehmung so vorteilhaft wie möglich zu gestalten. Es ist unglaublich, wie viel Zeit investiert wird, um Kommissionsmitglieder günstig zu stimmen, damit sie Projekte genehmigen, von denen die eigene Karriere abhängig ist. Man tut alles, um Studenten zu gefallen, damit sie die Lehrveranstaltungen positiv evaluieren. Ich könnte noch einige Beispiele dieser Art hinzufügen. All das gleicht in mancherlei Hinsicht der Oberflächlichkeit, die ich in meiner Schulzeit um jeden Preis vermeiden wollte. Der Fairness halber muss ich sagen, dass die Unis, an denen ich arbeiten darf, durchaus auch kritischen Geistern Raum bieten. Vielleicht liegt das aber gerade an jenen »radikalen« Wissenschaftlern, die auf ihre eigene Art versuchen, akademische Freiheit zu erwerben und zu erhalten. So komisch es auch klingen mag: ich versuche genau das, indem ich als Mönch weiterhin Universitätsprofessor an einer großen öffentlichen Universität bleibe und mich nicht an eine kleinere Hochschule eines Ordens zurückziehe, was in den Augen vieler die naheliegendere Variante wäre.

Auch in der Theologie kann es Opportunismus geben. Es
ist keine Selbstverständlichkeit, dass sich im Unibetrieb die
Lehre des theologischen Wissens von der anderer Wissen-
schaften unterscheidet. Wissen ist nie unabhängig von seiner Umgebung. Wenn Bücher geschrieben werden, dann
wird der Inhalt auch von der Frage bestimmt, die zu jener
Zeit, an jenem Ort aktuell und relevant ist. Das gilt für jedes Fach, auch für die Theologie. Entgegen dieser Erkenntnis
gibt es im englischen Sprachraum die Strömung der »radikalen Orthodoxie« (*radical orthodoxy*). Damit ist eine Bewegung gemeint, die auf den Theologen John Milbank zurück-
geht.[24] Er vertritt die Auffassung, dass Theologen nicht zu
viel mit den Sozialwissenschaften zu tun haben sollten, da
theologisches Wissen als solches eine friedvolle Gesellschaft
ermöglicht, die nicht von den gewaltsamen Bestrebungen
moderner Institutionen abhängt. Theologisch erfordert das
aber eine Art Rolle rückwärts. Man besinnt sich auf die traditionelle Lehre, da darin am ehesten das relevante Wissen
anzutreffen ist.

Was immer man von Milbanks theologischem Versuch
halten mag, die Frage muss erlaubt sein, ob ein Theologe jemals Zugang zu einem solchen »reinen« Wissen haben kann.
In meiner Generation haben wir mit der Muttermilch das Bewusstsein aufgesogen, dass Theologie *immer* kontextgebun-
den ist. Warum entsteht hier eine »radikale Bewegung«, die
so ausdrücklich unveränderliche Werte vertritt? Vielleicht
auch durch die liberale Richtung, die die öffentliche Theologie seit den sechziger Jahren eingeschlagen hat. Jetzt versuchen Denker, konsequent gegen den Strom zu schwimmen
und sich von einem modernen Wissenschaftsbegriff abzu-
grenzen. Das hätte man noch vor einigen Jahrzehnten nicht
für möglich gehalten, bedeutete doch »radikal« zu sein, sich
gegen gefestigte Normen und vor allem gegen kirchliche
Autoritäten zu positionieren.

Keiner kann den Begriff »radikal« exklusiv für sich beanspruchen, weder Konservative noch Progressive. Radikalität heißt eben, etwas konsequent zu tun. Und auch dann liegt das Risiko des Opportunismus stets auf der Lauer. »Radikale Standpunkte« eignen sich gut, sich in theologischen Kreisen, ob liberal oder traditionell, zu profilieren. Gibt es dann überhaupt noch die Möglichkeit, auch im persönlichen Bereich eine »radikale Theologie« zu betreiben, die nicht angepasst ist? Ich habe es in verschiedene Richtungen versucht, und keine akademische Strömung konnte mich wirklich befriedigen. Bis ich die monastische Theologie entdeckte.

Demut

Das Mönchtum hat mir in meinem Streben nach Radikalität einen Ausweg geboten. Ich merkte schnell, dass Ordensleute in mancher Hinsicht viel radikalere Menschen sind als jene, die öffentliche Statements abgeben oder offenen Protest üben. Grund dafür ist nicht die exotischere Lebensform, auch nicht die tiefgreifende Lebensentscheidung. Nein, das eigentlich Radikale besteht darin, dass Mönche es sich zur Lebensaufgabe gemacht haben, sich mit ihrem Ego zu konfrontieren. Das widerspricht dem Opportunismus, dem man an der Uni allzu leicht verfällt. Es interessierte im Kloster von Anfang an keinen, welches meiner Projekte nun erfolgreich war und wie Studenten meine Vorlesungen bewerteten. Auch hat mich eigentlich nie jemand gefragt, ob ich theologisch nun orthodox oder liberal sei. Die klösterliche Radikalität ist von dieser Art von Fragen unabhängig. Sie ist offen – offen für Gott.

Radikal Mönch zu sein, heißt in erster Linie, demütig zu leben. Es geht darum, zur Wurzel seiner eigenen Persönlichkeit zu gelangen und die wilden Triebe seines Egos, das Radikalität mit Hyperaktivität verwechselt, abzuschneiden. Es ist eigentlich das Gegenteil von dem, was man sich unter einem radikalen Engagement vorstellt. Für mich bedeutet das, dass ich mich immer wieder der Gemeinschaft unterordne. Wir haben in der Abtei jede Woche eine gemeinsame Freizeit, die sogenannte Rekreation. Ich bin einerseits ein durchaus geselliger Mensch, aber ich habe auch das Bedürfnis, meine Zeit mit anderen sinnvoll zu verbringen. In der Abtei werden seit Jahr und Tag Gesellschaftsspiele gespielt, jeden Sonntagabend. Ich verabscheue seit meiner frühesten Kindheit jegliche Form von Spielen. Immer wenn in meiner Jugend irgendwo Spiele gemacht wurden, zog ich mich zurück. In der Abtei geht das nicht. So trivial sich dieses Beispiel anhören mag, es wurde für mich zu einer echten Geduldsprobe, einer Übung in Demut. Ich spiele also jeden Sonntag gegen meinen Willen. Auch wenn ich es mir oft wünschen würde, eine Extrawurst ist nicht erlaubt. Meine Mitbrüder würden es nicht akzeptieren, dass ich einfach etwas anderes mache. Das bezwingt mein Ego. Was bei solchen alltäglichen Dingen anfängt, wird bedeutsam für den gesamten Weg der Demut.

Der Philosoph Peter Sloterdijk bezeichnet den Versuch, den Weg der Demut zu gehen, als »die Assimilation des abgespaltenen Einzelnen an das Absolute«. Diese abstrakte Formulierung trifft genau den Kern der Sache: man nimmt sein Leben selbst in die Hand (»abgespalten«), aber man versucht nicht zu erreichen, was man sich selber vorgestellt hat, sondern was wirklich einem höheren Ziel entspricht (»das Absolute«). Dieses höhere Ziel bietet im Mönchtum die geistliche Perspektive: Gott. Demütig zu sein heißt nicht, sich gesellschaftlichen Trends zu widersetzen, sondern seine eigenen Ambitionen einem absoluten Ideal unterzuordnen. Um das zu erreichen, skizziert Sloterdijk zwei Wege: erstens der Versuch, »sich durch die ständige Steigerung der Kräfte dem Ideal gleichzumachen (*via perfectionis*)«. Die zweite Möglichkeit beinhaltet, dass man sich »seiner selbst entledigt, in der Annahme, an der Stelle des alten Ich werde früher oder später das absolute Selbst platznehmen (*via humilitatis*)«.[25] Sloterdijk bewertet beide Wege als »Übertreibung« und betrachtet sie nicht ohne intellektuellen Spott. Ich glaube jedoch, dass gerade dieser Spott eines großen Denkers deutlich macht, dass wir auf der richtigen Spur sind, wenn wir ein radikales Leben als Theologen finden möchten.

Der heilige Benedikt favorisiert eindeutig den zweiten Weg, den Weg der Demut. Das widerspricht auf den ersten Blick dem Durchsetzungsvermögen, das für einen radikalen Weg nötig ist. Der Benediktiner Anselm Grün schreibt jedoch:»Die zwölf Stufen der Demut führen uns zu menschlicher Reife, zur Gemeinschaft mit unseren Brüdern und Schwestern und zu Gott, mit dem wir in der Kontemplation eins werden dürfen.«[26] Das längste Kapitel der Benediktsregel ist dem Weg der Demut gewidmet, der am Anfang nicht wie eine Erfolgsstory aussieht. In zwölf Stufen scheint man eigentlich immer mehr von seinen Ambitionen und seiner Energie zu verlieren. Raubt uns der Weg der Selbstverleugnung nicht jede Vitalität? Grün meint zurecht, dass es nur in einem »kontemplativen« Sinn sinnvoll ist, den Weg der Demut zu beschreiten. Wenn man nicht radikal Gott suchen will, sollte man besser nicht damit anfangen.

Der Autor zeigt auf, wie der Weg der Demut in Bezug auf die eigene Persönlichkeit konkret verlaufen kann. Dazu unterscheidet er diverse Ebenen, die man auf den zwölf Stufen der Demut durchläuft. Eine solche Ebene sind Beziehungen. Wenn man radikal aufbrechen will, muss man bei seinen *Beziehungen* anfangen: Da ist zunächst die Beziehung zu Gott, die über allem stehen muss, dann folgt die Beziehung zu uns selbst und schließlich die Beziehung zu den Menschen um uns herum:»Unser Leben wird nur heil, wenn es auf Gott, auf die Mitmenschen und auf uns selbst bezogen ist«. In dieser Reihenfolge wird direkt klar, dass nicht wir selbst im Mittelpunkt stehen, sondern Gott. Wenn wir uns entwickeln wollen, müssen wir uns immer fragen, ob wir ehrlich sind. Ich kann mich an viele Situationen erinnern, in denen ich, um ehrlich zu sein, gar nicht wirklich aufrichtig mit anderen, mit mir selber oder mit Gott in Kontakt kommen *wollte*.

Ich bin nur Scheinbeziehungen hinterhergerannt. Radikalität fängt damit an, seine Beziehungen offen zu betrachten.

Beziehungen

Ich habe bisher im Laufe meines Lebens in allen möglichen Bereichen verzweifelt nach Unabhängigkeit gesucht. Ich wollte stets meinen eigenen Weg gehen. Ich bin immer wieder an Grenzen gestoßen und es gelang mir einfach nicht, so radikal zu sein, wie ich es gerne wollte. Wenn ich an die wertvollen Beziehungen in meinem Leben denke, dann bin ich für jede einzelne von Herzen dankbar. Ich habe Freundschaften und familiäre Beziehungen immer intensiv zu leben versucht und tue es nach wie vor. Das birgt das Risiko, zu klammern, zum Kontrollfreak zu werden und immer das Heft in der Hand behalten zu wollen. Das hat praktische Seiten: ich neige dazu, die »Tagesordnung« bestimmen zu wollen. Aber auch, was die gemeinsamen Ideale betrifft, lege ich meine eigenen Normen schnell anderen auf. Das kann dann dazu führen, dass sie sich beengt, ja sogar erdrückt fühlen. In solchen Fällen steht man selber viel zu sehr im Mittelpunkt und das verhindert eine tiefe Freundschaft. Die eigenen Vorstellungen von einer »guten« Beziehung werden dann so konsequent und bedingungslos umgesetzt, dass es vereinnahmend, zuweilen gar aggressiv wirkt. Das ist nicht radikal, sondern opportunistisch und dazu auch noch destruktiv, weil keine menschliche Beziehung das auf Dauer aushalten kann.

Die Benediktsregel weist den Königsweg: mit der Beziehung zu Gott anzufangen. Sloterdijk schreibt dazu leicht spöttelnd: »Auf der ersten Stufe wird – in Furcht und Zittern – der Pakt mit dem jenseitigen Beobachter geschlossen und der Vorsatz zum Ablassen vom Eigenwillen entschieden gefasst.« Das trifft wieder genau den Kern: Die Wurzel des menschlichen Daseins besteht auf dem klösterlichen Weg darin, dass ich mich schonungslos der Tatsache aussetze, dass mein eigener Wille nicht viel zur Sache tut, zuweilen sogar schädlich ist. Es ist allein Gottes Wille, der zählt: »Der Mensch achte stets auf die Gottesfurcht und hüte sich, Gott je zu vergessen« (RB 7,10), schreibt Benedikt. Furcht muss keine negative Haltung sein. Sie kann bei einem radikalen Engagement eine Form von heiliger Wut sein, die sich entlädt, weil sie nach oben gerichtet wird, auf Gott. Ich vergesse das leider oft in kürzester Zeit, wenn ich einmal im Sog meines eigenen Engagements mitgerissen werde. So gut und richtig dieses Engagement auch sein mag, ich muss es wieder loslassen, sobald es zum Selbstzweck wird.

»Auf der zweiten Stufe wird mit der Absage an den eigenen Willen ernst gemacht«, kommentiert Sloterdijk weiter. In der Tat folgt auf die Gottesfurcht die realistische Beziehung zu sich selbst. Mit dem Eigenwillen ist hier das Ego gemeint, das uns im Weg steht und verhindert, dass wir wirklich zum Kern unserer Probleme vordringen können. Ein gesundes Verhältnis zu uns selbst kann nicht bescheiden genug sein, lesen wir bei Benedikt: »Der Mönch liebt nicht den Eigenwillen, und hat deshalb keine Freude daran, sein Begehren zu erfüllen.« (RB 7,31) Das klingt ganz schön radikal, aber nicht im Sinne der Radikalität, in der ich mir selber gefalle, sondern im Sinne einer radikalen Selbstunterordnung. Auch wenn jeder Mensch gern seine eigenen Bedürfnisse befriedigen möchte, jeder weiß auch, dass es längst nicht immer Sinn hat, sich alles zu genehmigen. Oft kann es auch sinnvoll sein, sich zurückzunehmen und sich so auf das Wesentliche zu konzentrieren. Wer versucht, damit radikal ernst zu machen, kann mit sich ins Reine kommen, denn er folgt nicht einfachhin dem eigenen Willen, sondern dem höchsten vorstellbaren Gut und dafür steht im demütigen Leben »Gott«.

Nur aus diesem Bewusstsein heraus kann ich meinen Mitmenschen wirklich begegnen; auf Augenhöhe, ohne mich künstlich unterzuordnen oder herablassend und gönnerhaft zu agieren. Gehorsam ist eine Voraussetzung für die demütige Beziehung zum anderen. Auch wenn Sloterdijk über die »Unterwerfung« witzelt, so kann sie uns doch helfen, unsere Beziehungen neu zu ordnen. Wir sollen stets so handeln, dass der andere in den Mittelpunkt gerückt wird. Nur so ist eine offene Wahrnehmung, ein aufrichtiges Zuhören möglich, das im benediktinischen Sinne zur Reifung unserer Persönlichkeit beiträgt. Grün fasst das prägnant zusammen: »Wir sollen in unserem Handeln frei werden von den Gewohnheiten, die uns bestimmen.« Nicht unsere eigenen Gedanken geben den Ton an, sondern das, was wir an göttlicher Inspiration durch den anderen vernehmen dürfen. Darum rückt Benedikt auch hier Gott an die erste Stelle: »Aus Liebe zu Gott unterwirft sich der Mönch.« (RB 7,34)

Radikal an seinen Beziehungen zu arbeiten, ist nicht leicht. Ich selbst stehe noch ganz am Anfang dieses Weges. Ich denke an meinen Schulfreund. Damals habe ich die Beziehung zu Gott nie wirklich als Ausgangspunkt für mein Engagement gesehen. Vielmehr fühlte ich mich als Macher, der die Tagesordnung seines öffentlichen Wirkens selbst bestimmt. Ich bin mir sicher, dass mich das oft sehr egoistisch wirken ließ, gerade meinen guten Freunden gegenüber. Sie haben sicher vieles als Selbstdarstellung wahrgenommen. Selbstdarstellung ist aber oft ein Anzeichen dafür, dass man mit sich selber nicht im Reinen ist. Meist stimmt etwas in der Beziehung zu sich selbst nicht, wenn man meint, sich zwanghaft immerzu selbst darstellen zu müssen. Das heißt freilich nicht, dass man sich nicht präsentieren sollte. So weit war ich damals aber noch nicht. Vielleicht musste ich mir auch darum immer wieder anhören: »Sei nicht so radikal!« Ich glaube, mein Schulfreund meinte eigentlich: »Sei endlich mal wirklich radikal. Komm zu dir selbst!« Es ging darum, dass ich weniger auf mich selbst fokussiert sein sollte. Offener für den Ursprung meines Lebens, den ich heute als Mönch »Gott« nenne, und offen für die Menschen in meiner Umgebung.

Aber zurück zur Theologie: Für mich war es schon im Studium ein Traum, einmal als Theologe arbeiten zu können. Nicht in einer bestimmten angewandten Form, sondern sozusagen an der Quelle, wo ich den Dingen würde auf den Grund gehen können, als Wissenschaftler. Mir gefiel die Vorstellung, einen völlig verrückten Wissenschaftszweig zu wählen. »Wer betreibt denn heute noch Theologie?« Diese Frage spornte mich erst richtig an, und eigentlich tut sie es auch heute noch. Schon wieder so ein Bereich, in dem ich mich wahnsinnig »radikal« fand. Doch wie bereits gesagt, ich wurde im Laufe der Zeit von manchen Strukturen desillusioniert. Aber das sagte auch einiges über mich selber aus: Insgeheim war ich nämlich enttäuscht, dass sich im Kloster, in dem ich inzwischen lebte, keiner für meine theologischen Statements interessierte. Dabei sollte mein radikales Denken doch gerade Mönchen etwas bedeuten! Es ist nicht falsch zu schreiben und öffentlich zu machen, und ich tue es immer noch, aber das Risiko ist groß, dass ich die Demut verfehle.

Ich kann auch im monastischen Sinne durchaus Theologe sein, vielleicht besser denn je. In unserer Ordensregel steht nichts über Wissenschaftler, wohl aber über »Handwerker«. Das lateinische Wort (*artifices*) kann man auch als »Künstler« verstehen oder eben als »Wissenschaftler«. Es geht darum, eine Tätigkeit auszuüben, in der man ein Fachmann ist. Benedikt verbietet das Arbeiten keineswegs: »Sind Handwerker im Kloster, können sie in aller Demut ihre Tätigkeit ausüben, wenn der Abt es erlaubt.« Sogleich fügt er jedoch die Demut hinzu. Das tut er sicher nicht, um die Vitalität der Könner zu schmälern. Er will sie davor bewahren, dass sie sich selber beim Ausüben ihrer Tätigkeit im Wege stehen. Dann können sie in allem, was sie tun, den Dingen nämlich nicht mehr auf den Grund gehen.

Die Tatsache, dass es ihnen erlaubt werden muss, ihrer Arbeit nachzugehen, deutet darauf hin, dass auch in Benedikts

Zeit eine vordergründig radikale Arbeitshaltung schnell zum »Egotrip« werden konnte. Der Mönchsvater nennt das Überheblichkeit: »Wird aber einer von ihnen überheblich, weil er sich auf sein berufliches Können etwas einbildet, und meint, er bringe dem Kloster etwas ein, werde ihm seine Arbeit genommen«. Radikal sein heißt hier also, dass die richtige Haltung wichtiger ist als das Resultat der Arbeit. Auch wenn es noch so brillant ist, sobald man abhebt und sich selbst beweihräuchert oder gar angehimmelt werden will, ist eine Grenze erreicht. Die Demut ist die einzige Art, wie man seine Arbeit wirklich radikal verrichten kann: »Er darf sie erst wieder aufnehmen, wenn er Demut zeigt und der Abt es ihm von Neuem erlaubt.« (RB 57,1–3)

Es braucht oft einige Zeit, bis man in der Lage ist, seiner Arbeit demütig nachzugehen. Ich habe das als Theologe am eigenen Leib erfahren. Mit Haut und Haaren, mit vollem Enthusiasmus war ich bei der Sache, ging immer voll in meiner Arbeit auf. Ich lebte für meine Arbeit. Eine internationale Konferenz jagte die andere. Ich hielt die meisten Vorlesungen von allen Kollegen und veröffentlichte dreimal so viel wie es für eine Anstellung an der Uni üblicherweise vorgesehen war. Ich machte Karriere. Ja, und ich fand es selbstverständlich ungemein sinnvoll, was ich tat. Ich stellte mir überhaupt nicht die Frage, ob es überhaupt Sinn hatte, immer mehr theologisches Wissen zu produzieren. Ein Kollege sagte mir einmal: »Wenn du wirklich etwas Sinnvolles tun willst, mach etwas anderes.« Ich war schockiert. Wie konnte er das sagen? Und dann fügte er noch hinzu: »Ich habe nicht das Gefühl, dass unsere Arbeit einen direkten Effekt hat.« Mein Urteil fiel rasch: Er hatte keine »Power«. Vielleicht war er aber damals schon der demütigere Theologe und in der Hinsicht viel radikaler als ich.

Das Kloster hat mir in dieser Hinsicht die Augen geöffnet. Ich kann nicht einmal sagen, dass ich, seitdem ich Mönch bin, viel weniger arbeite. Aber ich stelle mir zumindest grundsätzlich die Frage, was sinnvoll ist zu tun und was nicht –

zusammen mit meinem Abt und mit meinen Mitbrüdern. Meine Haltung fängt langsam an, sich zu verändern, mit Rückschlägen und Fortschritten. Ich merke, dass dadurch zumindest zwei Hindernisse auf dem Weg zur Wurzel weggefallen sind: erstens die *Selbstverständlichkeit*, mit der ich arbeite, und zweitens die *Selbstgefälligkeit*, mit der ich mein Fach betreibe. »Wenn Mönche unter einem Burnout leiden, muss man nicht fragen, ob sie zu viel arbeiten, sondern was in ihrer spirituellen Haltung nicht stimmt«, sagte mir ein erfahrener Prior. Das ist vollkommen richtig: wenn man radikal arbeitet, steht man sich nicht selber im Weg und man kann nicht so schnell ein Burnout bekommen. Das Kloster ist mein Schutzmechanismus. Es ist meine Schule der Demut und damit der Radikalität im eigentlichen Sinne.

Botschaft

Ich denke oft an meinen Schulfreund zurück. Wir waren beide damals noch nicht wirklich radikal, aber wir könnten es mit unserer jeweiligen Lebenshaltung beide durchaus werden. Obwohl wir vollkommen unterschiedlich waren und sind. Er hat heute eine Familie mit vier Kindern, und ich lebe im Kloster. Gibt es eine Botschaft, die uns verbindet? Ich suche seit langem danach. Und dabei kann ich mich selber freilich nie ganz verleugnen. Für mich bedeutet radikal zu leben immer auch, ein kritisches Bewusstsein zu haben. Ich erhoffe mir, mit meiner demütigen Lebenshaltung dazu beizutragen, meine alten Ideale wie Pazifismus, Freiheit und die Rechte jedes Einzelnen, ganz egal, wie er lebt oder leben möchte, zu realisieren. Mir war und ist Toleranz heilig. Diese zu üben und zu leben, ohne mich dabei selber in den Mittelpunkt zu rücken, dabei hilft mir das Kloster. Mein Schulfreund hat eine viel klassischere Lebenseinstellung: Für ihn sind traditionelle Werte wie Familienzusammenhalt und gesellschaftliche Ordnung im konservativen Sinne heilig. Er ist dadurch nicht weniger radikal als ich. Radikalität kann Menschen zu ganz unterschiedlichen Botschaften bringen, und sie können dennoch alle gleich radikal und gleich authentisch sein.

In den USA ist beispielsweise ein Buch erschienen, das viel Aufsehen erregt hat. Es heißt »Die Option Benedikt« (*The Benedict Option*) und stammt von Rod Dreher, einem konservativen Journalisten, der zugleich engagierter Christ ist. In seinem Buch vermag er – anders als ich – in der klösterlichen Andersheit, weitab des Mainstreams, eine ultrakonservative Werteordnung auszumachen. Die radikale Besinnung auf kontemplative Wurzeln lässt ihn Werte neu entdecken, die nach dem Empfinden vieler seit den sechziger Jahren des vorigen Jahrhunderts einem radikalen Leben im Wege stehen würden. Er lehnt dadurch z. B. Lebensformen radikal ab, die dem klassischen Familienbild nicht entsprechen und verurteilt alternative Modelle menschlichen Zusammenlebens.

Das widerspricht der Toleranz, wie ich sie gerade in den Niederlanden für normal halte. Merkwürdig, dass ich dennoch folgender Aussage aus seinem Buch zustimmen würde: »Wir müssen einen entschiedenen Sprung in ein subkulturelles Christentum wagen, ansonsten zwingen wir unsere Kinder und Enkel, sich anzupassen.«[27] Das heißt, dass wir uns allen Mechanismen entziehen müssen, die selbstverständlich geworden sind. Eine Botschaft wird immer dann problematisch, wenn die Schlussfolgerungen, die sowohl Dreher als auch ich selber aus diesem Sprung ziehen, *ideologisch* sind. Für ihn heißt das, dass er sich »der Linken widersetzen muss, die auf dem Vormarsch ist und rücksichtslos alles für sich einnimmt«. Ich würde intuitiv das genaue Gegenteil empfinden. Mir machen restaurative Bewegungen oft Angst. Doch sowohl Dreher als auch ich bleiben dann in unserer Ideologie stecken. Und schon ist das Ende der Gemeinsamkeit erreicht. Nur wenn wir *Ideologien* vermeiden, kann *Gemeinsamkeit* wachsen.

Radikaler Dialog würde nun bedeuten, den Sprung, von dem Dreher spricht, gemeinsam zu wagen. Ich versuche diesen Sprung im Kloster und in der Wissenschaft genauso wie er in seiner Familie und im Journalismus. Wir können vorher nicht wissen, wo wir landen. Das gilt für die »radikale Orthodoxie« genauso wie für die »radikale Befreiung«, die die Theologie seit den sechziger Jahren mitgeprägt hat. Sobald wir eine dieser Strömungen verabsolutieren, sind wir nicht mehr radikal im spirituellen Sinne. Benedikt spricht in seiner Regel mit keiner Silbe von kirchenpolitischen Richtungen, die man einschlagen soll. Wohl organisiert er eine Welt, in der wir den Sprung wagen können: das Kloster. »Wir brauchen einen neuen heiligen Benedikt«, schreibt Dreher. In der Tat, aber das kann nur einer sein, der keine andere Botschaft hat als die demütige Erkenntnis, dass man den Dingen auf den Grund gehen muss (*radix*). Dass man zu Gott finden muss. Wenn ich das jemals vergesse, hoffe ich, dass mich mein Schulfreund im Kloster besucht und sagt: »Sei endlich mal im guten Sinne radikal!« Und ich hoffe, dass in unserer Gesellschaft unendlich viele »Klöster« entstehen, wo Menschen radikal leben können: Familien, Arbeitsplätze, Lebensgemeinschaften, Freundeskreise und dergleichen mehr.

IV.

Resonanzen aus dem Kloster

10 Musik

Welche Musik hört ein Mönch? Ein Kollege, der in jungen Jahren ein halbes Jahr Mönch gewesen war, hatte mir erzählt, er habe alle seine Schallplatten bei seinem Eintritt ins Kloster verschenkt. Nach kurzer Zeit wusste er schon, dass das Klosterleben nicht sein Weg war, und trat wieder aus. Seine Platten war er los: Patti Smith und Bob Dylan. Mit Letzterem habe ich selber meine Jugend verbracht. Als ich Dylan (*1941) für mich entdeckte, war ich 14 Jahre alt. Er war gerade in einer wenig produktiven Phase, seine Platten wurden verrissen. Gerade wegen seiner vielen Kehrtwenden ist dieser Sänger einer der einflussreichsten Songwriter des zwanzigsten Jahrhunderts und eine tonangebende Gestalt der amerikanischen Nachkriegskultur. Mich haben seine Lieder und seine Persönlichkeit sehr geprägt, zu eigenen Gedichten und Liedern inspiriert und mich ein paar Jahre in den Ferien Straßenmusik machen lassen. Durch Dylan habe ich erfahren, dass spirituelles, intellektuelles und politisches Engagement in Musik Gestalt annehmen kann.

Ich bin bei vielen seiner Konzerte gewesen, folgte jeder seiner Neuerfindungen. Was er tat, das tat er radikal. Jahrzehntelang entlehnte er seine dynamische Ausstrahlung diversen Kehrtwenden. Ein ums andere Mal wurde er zum Messias ausgerufen und kurz darauf als Judas verdammt. So geschah es: als der Held der amerikanischen Folkmusik seine Gitarre unerwartet an einen elektrischen Verstärker anschloss; als der Wortführer der Protestgeneration sich mit seiner Familie in ein kleines Häuschen auf dem Land zurückzog, um ein bürgerliches, fast schon spießiges Leben zu führen; als der ewige Zweifler sich plötzlich berufen fühlte, christliche Texte mit missionarischem Eifer zu schreiben; oder als er, allen Unkenrufen zum Trotz, einige seiner Lieder für Papst Johannes Paul II. in Rom sang.

Als ich ins Kloster eintrat, habe ich die beträchtliche Dylan-CD-Sammlung, die ich im Laufe der Jahre aufgebaut hatte, *nicht* verschenkt. Jedoch habe ich sie schon in den Jahren, als sich mein Klostereintritt abzeichnete, nicht mehr gehört. Ich hatte das Gefühl, dass das eben *nicht* die Musik war, die ein Mönch hört. Nicht, weil ich es für unziemlich gehalten hätte. Ich konnte mir nur nicht vorstellen, dass darin ein klösterlicher Geist räsoniert. Und so hörte ich jahrelang nur noch Choräle, am liebsten Gregorianik. Die höre ich heute immer noch gerne, aber Bob Dylan ist zurück in meinem CD-Spieler. Anfangs hatte ich starke Zweifel: War es mit meinem klösterlichen Eifer vielleicht doch nicht so weit her, wenn ich schon nach einigen Jahren in meine alten Hörgewohnheiten zurückfalle? Waren das erste Ermüdungserscheinungen auf meinem monastischen Weg?

Im Laufe der Zeit habe ich es genau umgekehrt gesehen: Wenn ich in meinem klösterlichen Leben keine Resonanzräume zulasse, auch solche, die vielleicht nicht ganz so typisch scheinen, würde ich früher oder später erdrückt. Der Soziologe Hartmut Rosa stellt fest: »Alle Subjekte machen im Laufe ihres Lebens konstitutive Resonanzerfahrungen, das heißt, sie erleben Momente, in denen ihr Draht zur Welt intensiv zu vibrieren, ihr Weltverhältnis zu atmen beginnt.«[28] Die Kunst ist eine wichtige Inspirationsquelle für solche Resonanzen, in denen wir die Achsen unseres Lebens in vibrierendem Einklang spüren. Ein Mönch tut also gut daran, sich zur Kunst zu verhalten, sofern seine Inspiration darin widerhallt. Die Poesie, die Musik und das Gesamtkunstwerk Bob Dylans haben mir solche monastischen Resonanzerfahrungen ermöglicht. Das war für mich anfangs verstörend. Aber wenn man unter die Oberfläche schaut, dann zeigt sich ein spirituelles Bild im Oeuvre und in der Person, das meine Weltbeziehung als Mönch wachhält.

Nach Jahren der »Abstinenz« fand ich also wieder zu Dylan zurück. Das hatte einen konkreten Anlass: Als ihm im Jahr 2016 der Nobelpreis für Literatur verliehen wurde, fragte mich eine Journalistin in einem Radiointerview, ob ich die Würdigung für berechtigt hielt. Was für eine komische Frage. Natürlich war sie berechtigt. Und da fiel es mir wie Schuppen von den Augen: wenn ich es albern finde, dass man Dylan nicht für literarisch hält, wie konnte ich dann meinen, dass er für einen Mönch nichts bedeuten kann? Ich kramte meine CDs wieder hervor, aus Neugierde und Nostalgie. Gespannt verfolgte ich Dylans Reaktion auf die öffentliche Ehrerbietung durch die schwedische Akademie. Er rückte sich selber nicht in den Mittelpunkt, und das verstörte wiederum viele. Mich sprach es auf geradezu spirituelle Art und Weise an.

»Also, ich habe nun seit langer Zeit weiterhin das getan, was zu tun ich einmal aufgebrochen bin. Es sind meine Songs, die den lebendigen Mittelpunkt von fast allem bilden, was ich tue. Sie scheinen einen Platz im Leben vieler Menschen in unterschiedlichen Kulturen gefunden zu haben, und ich bin dankbar dafür.«[29] Diese Sätze würden einem Mönch nach Jahrzehnten des Psalmengesangs im Kloster gut zu Gesicht stehen. Sie stammen jedoch aus der Dankesrede, die der Meister anlässlich der Verleihung am 10. Dezember 2016 in Stockholm verlesen ließ. Er blieb der Zeremonie fern, die öffentliche Seite der ihm zuteilwerdenden Ehre ließ ihn kalt. Diese Sätze stammen von dem Menschen, dessen Lied sein Leben ist. »Ich will den Herrn loben in meinem Leben, meinem Gott singen und spielen, solange ich da bin«, heißt es in Psalm 146. Hierin klingt an, wie nah doch Dylan der monastischen Lebenswirklichkeit ist.

Selbstvergessenheit

Seine Selbstvergessenheit, die ihn in der Öffentlichkeit beinahe desinteressiert wirken lässt, es sei denn an seiner Kunst, spricht mir als Mönch aus der Seele. Natürlich wurde Dylans Dankesrede nicht hinter Klostermauern geschrieben. Sie entstand unterwegs – *on the road*. Es ist wahr, dass ich als Mönch in meinem Kloster wohne und eine gewisse Sesshaftigkeit brauche und keinen Tour-Bus. Aber eigentlich bin ich bei meiner »Suche nach Gott« genauso unterwegs wie der fahrende Sänger. Und auch der Künstler Bob Dylan ist in hohem Maße abgesondert von der Welt, wenn er auf Tournee ist. Seine Lebenswelt könnte man als eine Art mobiles Kloster, als *claustrum* bezeichnen, so widersprüchlich das auf den ersten Blick auch erscheinen mag.

Ich hatte im Jahr der Preisverleihung die Gelegenheit, auf Einladung einer niederländischen Zeitung zwei Konzerte Bob Dylans zu besuchen. Die Abgeschiedenheit, die den Künstler umgibt, hat mich zugleich verstört und berührt. Ich habe selten einen Menschen erlebt, der so abgeschottet lebt. Die Sicherheitsmaßnahmen mit vielen Bodyguards, die es nicht zuließen, dass jemand auch nur einen Blick auf den Meister erhaschte, das radikale Verbot, Fotos zu machen, und all das, obwohl eigentlich keine reale Bedrohung bestand. Gewaltbereite Fans kommen nicht zu einem Dylan-Konzert, im Gegenteil, die meisten sind Pazifisten. Und Fotos kursieren eh schon zu hunderten im Internet. Die Abschottung ist symbolisch. Sie erinnert an strenge Klöster, wo man mit Mönchen nicht in Kontakt kommt und kein Wort spricht. Genau das tat Maestro Dylan auch nicht. Er sagte auf der Bühne kein einziges Wort, außer seiner Texte. »Warum auch, alles ist in den Songs enthalten«, so hat er einmal erklärt. Ein Mönch auf der Bühne, der ganz dem Vorbild des heiligen Benedikt folgt: »Der Schwätzer hat keine Richtung auf Erden.« (RB 7,58)

Vielleicht sind seine Reisen über die großen Bühnen der Welt für diesen Tamburinmann nichts anderes als sein geistlicher Weg, der ihm – nach Jahrzehnten oft verzweifelter Unsicherheit – innere Freiheit brachte. Dylan »lebt« in seinen Songs. Er ist permanent unterwegs, um sein Lied zu singen. Dabei scheint er manchmal zu vergessen, dass ein riesiges Publikum zugegen ist. Quasi eine monastische Arbeit in den Songs? Der Gedanke könnte durchaus eine verborgene Seite der mysteriösen Lebensform dieses Mannes beleuchten.

Der Poet Bob Dylan hat sicher nie darüber nachgedacht, ob klösterliche Motive in seinen Songs enthalten sind oder wie diese im monastischen Spiegel erscheinen. Aber welcher Mönch denkt schon darüber nach, ob er wirklich Mönch ist? Dylan ist Dichter, Weltenbummler, politischer Aktivist, Jude, Christ, Missionar, Eigenbrötler. Nichts spricht dagegen, dieser Liste auch die Lebensform »Mönch« hinzuzufügen. Ich will freilich nicht sagen, dass Dylan insgeheim doch ein anonymer Mönch sei, das wäre eine naive Etikettierung. Vielmehr geht es um *meine* Resonanzerfahrung, die vielleicht unerwartete Dinge über den Sänger und den Mönch zum Ausdruck bringt.

Outlaw

Im Werk Bob Dylans kommt das Verlangen nach einer erfüllenden Lebensform in unendlich vielen Facetten zum Ausdruck. Es geht zumeist um eine Person, die alle Statussymbole verloren hat, die zum Fremden geworden ist. Ein Mensch, der unterwegs ist, der nirgends zuhause ist außer an seinem endgültigen Ziel. Ein Pilger mit seiner ganz eigenen *pietas* – Frömmigkeit. Der Theologe Knut Wenzel beobachtet bei Dylan ein »unbedingtes Sich-beanspruchen-Lassen durch das Je-Konkrete; von allem Je-Einzelnen prinzipiell abgelöstes Offensein auf das Ganze, Unendliche, Absolute«.[30] Der »heilige Outlaw« ist die »zentrale Figur in der Mythenwelt« Dylans, der »amoralische Moralist und Märtyrer, der aufbegehrt gegen den universalen Verblendungszusammenhang von Macht, Korruption, Eitelkeit und Selbstgerechtig-keit«, so der Literaturwissenschaftler Heinrich Detering.[31] Dieser Ausgestoßene ist der Fremdling: jemand, dem alles genommen wurde, dem aber zugleich eine unendliche Frei-heit gegeben ist. Bereits in seinen frühen Texten, die Dylan in der Tradition des Folksongs schrieb, tritt diese Figur mit unterschiedlichen Gesichtern auf: als *hobo,* einem einsamen Landstreicher, oder als fahrender Sänger. Aber auch als je-mand, den das Schicksal auf die Probe stellt. Mich haben diese schemenhaft gezeichneten Personen immer fasziniert. Diese »Outlaws« öffnen sich nämlich auf eine merkwürdige Art und Weise für die Heiligkeit des Lebens. In Dylans Welt fallen die Masken der Menschen ab. Die Menschen selbst fal-len ins tiefste Tal, wo sie nicht mehr sind als »rollende Steine«. In einem seiner berühmtesten Lieder, das die Musik der letz-ten Jahrzehnte wie kein anderes beeinflusst hat, kommt ein solcher »Findling« vor:

You used to laugh about everybody that was hangin' out.
Now you don't talk so loud. Now you don't seem so proud
about having to be scrounging for your next meal.
How does it feel, to be without a home,
like a complete unknown, like a rolling stone?
Like a rolling stone.[32]

In diesem Song wendet sich der Sänger einer Frau zu, die zum Establishment gehörte und nach deren Pfeife die ganze Welt zu tanzen schien. Urplötzlich muss diese Frau alle Eitel-keiten fallenlassen, denn die Glitzerwelt hat sie betrogen.

Was beabsichtigt Dylan mit dieser außergewöhnlichen Perspektive? Ist es Rache an einer ehemaligen Geliebten oder harsche Gesellschaftskritik? Keines von beiden. Der ellen-lange Text offenbart, dass er dem »rollenden Stein« oder dem »Findling« mit Sympathie begegnet und sich mit ihm identi-fiziert. Das Lied handelt von der »verlorenen Unschuld und der Härte des Lebens«, wie in frühen Rezensionen zu lesen ist. Erst wenn das Leben einen diese »Weisheit« gelehrt hat, *wird* man, wer man wirklich *ist*. Es geht um die Frage, wie sich Selbstverlust anfühlt. Dylan schafft es, die Gefühle zu kanalisieren, die jeder verarbeiten muss, der die Lebensform des »heiligen Outlaws« sucht.

Ich merke, wie der Text eine Saite in mir zum Klingen bringt. Natürlich lebe ich im Kloster nicht als Landstreicher und entbehre in vielerlei Hinsicht nur wenig. Aber wer mönchisches Leben ernstnimmt, *wird* von der Welt enttäuscht. Man *muss* seinen Status und seine Fassade verlieren. Erst im tiefsten Tal des Lebens wird der Mönch auf seiner Suche nach Sinn offen für Spiritualität. Das klingt dramatisch. Ich erschrecke mich ein wenig beim Aufschreiben dieser Worte.

Später wird Dylan dieses Motiv der Selbstentblößung wiederaufnehmen, und zwar in einem Text aus dem Jahr 1983, der explizit an einen geistlichen Weg erinnert. Er selbst ist da bereits auf einem religiösen Pfad unterwegs: Nachdem er seine jüdischen Wurzeln jahrelang erkundet und gelebt hat, bekehrt er sich zum Christentum. Viele verachten ihn dafür, dass er auf seinen Platten zum Prediger mutiert. Als man sich daran zu gewöhnen beginnt, ist er schon wieder einen Schritt weiter, ständig auf der Suche. Die Anfechtungen und Versuchungen nehmen nicht ab, nur kommen sie nun nicht mehr aus der Gesellschaft oder der Welt des Glamours, sondern aus dem eigenen Innern:

Shedding off one more layer of skin,
keeping one step ahead of the persecutor within.
Jokerman dance to the nightingale tune.
Bird fly high by the light of the moon.
Oh, oh, oh Jokerman.[33]

Der *Jokerman* scheint im ersten Moment im krassen Gegensatz zum Mönch zu stehen. Er richtet sich mit seinem nächtlichen Lied nicht nach innen, sondern fliegt in schwindelerregende Höhen. Zugleich fühlt er sich jedoch von Eigenwahn und Geltungsdrang bedroht und wird von innen heraus verfolgt. Das erinnert mich an die Wüstenväter, die mit vergleichbaren »Dämonen« kämpften.

Letztlich gelingt es dem *Jokerman*, die Bedrohung durch die eitlen Gefühle in seinem Innern zu neutralisieren. Dazu muss er immer wieder eine Schicht seiner eigenen Haut abstreifen. Indem er sich selbst immer mehr »entblößt«, kann er seinen Verfolger loswerden. Der Sänger ist am Ende dieses Liedes nicht mehr der *Jokerman*, der alles kann, sondern der demütige Büßer, der sich dem mühsamen Gefecht für das Gute stellt. Er wird zu einem »Geläuterten«, der auch vor dem Bösen nicht mehr davonlaufen muss.

Jemand, der jedem Prestige entsagt und so zu einem »rollenden Stein« wird; jemand, der diesen inneren Kampf der Läuterung nicht scheut, ist der klösterlichen Lebensform sehr nah. Dylan gleicht einem Mönch, der nirgendwo anders als in seinen Songs seine Wohnstatt hat. Detering beschreibt ihn so: »Sein Leben derart konsequent auf nichts gestellt zu haben als auf eine dann allerdings mit religiöser Inbrunst betriebene Kunst, die ständige Beweglichkeit als Lebensform: diese Radikalität ist von Beginn an Teil von Dylans Charisma gewesen.« Ob Dylan selber diese Umschreibung als Outlaw-Mönch zu schätzen wüsste, ist nicht wirklich relevant. Er selber hat immer wieder jegliche Umschreibung fallengelassen. In seinem autobiographischen Buch aus dem Jahr 2004 schreibt er über seine Motivation: »Ich suchte nicht nach Geld oder Liebe. Ich hatte geschärfte Sinne und feste Gewohnheiten, ich war unpraktisch und obendrein ein Visionär.«[34] Er ist nicht ins Kloster gegangen, aber die Lebensform, die im Laufe der Jahrzehnte gewachsen ist, konnte ich im Spiegel meines eigenen Klosterlebens neu entdecken. Der Outlaw ist für mich zu einem Spiegelbild meines klösterlichen Daseins heute geworden.

Aufruhr

Bob Dylans Songtexte, die häufig von abgesonderten Lebensformen erzählen, und seine Persönlichkeit, die eng mit dem politischen Aktivismus der sechziger Jahre verbunden ist, scheinen sich zu widersprechen und werfen einige Fragen auf. Auch seine frühen Lieder predigen auf den ersten Blick eher den Aufruhr als die demütige Haltung eines Ordensmanns. Sein berühmter Song *The times they are a-changin'*, eine Hymne aus dem Jahr 1964, gleicht einem Pamphlet für die Revolte. Doch unter der Oberfläche lassen sich ganz andere Hinweise entdecken:

> *The line it is drawn, the curse it is cast,*
> *the slow one now will later be fast,*
> *as the present now will later be past.*
> *The order is rapidly fadin'*
> *and the first one now will later be last*
> *for the times they are a-changin'.*[35]

Vielleicht geht es dem Sänger gar nicht primär um eine politische Revolution. Meinem Verständnis nach besingt er vielmehr das *Eschaton*, das religiöse Ende der Zeit. Der Text klingt dabei übrigens biblisch: die Letzten werden die Ersten sein, wenn das Reich Gottes anbricht. Der *kairos*, der alles entscheidende Moment, ist nahe, und man tut gut daran, sein Leben zu ändern. Das erfordert einen radikalen Lebensstil, den die Ich-Person verkörpert. Detering beschreibt sie so: »Der Sänger steht als Prophet an der Straßenecke, fordert die Passanten zum Stehenbleiben auf und verkündet die unmittelbar bevorstehende Zeitenwende. So zielsicher und mitreißend Dylan einer in der Luft liegenden Stimmung Stimme und Sprache gibt, so distanziert bleibt er doch als Beobachter einer sündhaften Welt.«

Dylans Aussagen sind stets von einer Aura des Nichtwissens geprägt. Eine poetische Vagheit, ja Naivität umgibt sie.

Ein schönes Beispiel dafür ist das noch bekanntere und völlig unprätentiöse Lied, das in Jugendgottesdiensten in den sechziger und siebziger Jahren genauso oft erklang wie bei politischen Demonstrationen:

How many time must a man look up –
before he can see the sky?
Yes, 'n' how many ears must one man have –
before he can hear people cry?
Yes, 'n' how many deaths will it take till he knows –
that too many people have died?
The answer is blowing in the wind.[36]

Die Antwort auf die großen Fragen des Lebens ist für uns nicht greifbar. Sie ist nur in Visionen zu finden, die nicht von dieser Welt sind. Wer in diesem Lied auf eine einfache Botschaft hofft, wird enttäuscht. Der Lyriker lässt sich vom Propheten Ezechiel inspirieren: »Menschensohn, mitten unter einem widerspenstigen Volk wohnst du; sie haben Augen, um zu sehen, und sehen doch nicht, sie haben Ohren, um zu hören, und hören doch nicht; denn sie sind ein widerspenstiges Haus. Du Menschensohn, pack dein Fluchtgepäck und wandere am hellen Tage vor ihren Augen von deinem Wohnort aus.« (Ez 12,2–3)

Das prophetische Leben, das sich schon am Anfang des öffentlichen Auftretens Dylans andeutet, sorgt dafür, dass die Selbstvergessenheit des Sängers im Dienste einer nie ganz greifbaren Wahrheit steht. Wieder kann man hier eine implizite Parallele zum Klosterleben ziehen: Der prophetische Charakter der monastischen Lebensform verbirgt sich nicht hinter Statements zum öffentlichen Leben. Diesen Statements verweigert sich Dylan – anders als viele meinen – schon zu Beginn seiner Laufbahn, so sehr man auch versuchte, ihn in die Rolle des Protestsängers zu drängen.

In einem »prophetischen Leben« ist das Lied ein Zweck an sich: es wird gesungen, weil die Zeit der Erfüllung nahe ist. Dieser spirituelle Horizont des Sängers gibt besonders im Lichte des uralten Gesangs der Mönche zu denken, dem ebenfalls ein Moment von Ewigkeit innewohnt. Mich ermutigt diese Lesart des Dylan-Textes ungemein. Sollte es wirklich so sein, dass die Zeiten sich ändern? Es wäre ein sicheres Zeichen, dass wir nicht umsonst im Kloster auf die Erfüllung der Zeit hinleben.

Suche

Bob Dylan hat in seinem Leben verschiedene religiöse Phasen durchlaufen; er war jüdisch, christlich, alternativ. Die Suche nach einem Gottesbild ist in seinen poetischen Songtexten ständig präsent. Biblische Referenzen und Anspielungen auf die jüdisch-christliche Tradition durchziehen sein Oeuvre. Daraus ergibt sich ein buntes Kaleidoskop von Sichtweisen, Inspirationen und manchmal auch Desillusionierungen. Aber gerade die Vielgestaltigkeit zeichnet sein Gottesbild aus. Der konstante Faktor auf seiner Pilgerreise ist das »Suchen nach Gott«, und zwar als permanenter Zustand. Diese ausdrücklich religiöse Seite des Sängers erschließt eine Bedeutungsdimension in seinem Liedrepertoire, die wiederum klösterliche Assoziationen zulässt. Denn Gott ist nah und doch so fern, anwesend und abwesend, allvertraut und doch ganz anders. In seiner christlichen Periode singt Dylan:

> *I gaze into the doorway of temptation's angry flame*
> *and every time I pass that way I always hear my name.*
> *Then onward in my journey I come to understand*
> *that every hair is numbered like every grain of sand.*[37]

In diesem Lied aus dem Jahr 1981 jubelt der Songwriter über den neu angenommenen Glauben, über den Pfad, auf dem er in Gottes Gegenwart wandeln darf. Die ruhige Freude des Songs brachte Bono Vox, den Sänger der irischen Musikgruppe U2, gar dazu, nicht den Vergleich mit »den großen Psalmen Davids« zu scheuen. Dylan selbst sagt über den Text, dass er ihm »geschenkt« wurde. Allen Verlockungen und Verführungen zum Trotz, befindet er sich auf dem rechten Pfad, in Gottes Nähe. Sein ganzes Leben ist von diesem Lobpreis durchdrungen. Wenn er nur konsequent bleibt, beginnt er zu »verstehen«, dass sein Leben in Gottes Hand ist. Er hört sogar »seinen Namen« als Antwort auf die großen Lebensfragen. Die Suche führt zu einem Gefühl des Gerufen-Seins, der Geborgenheit in Gott.

Das ist jedoch nicht seine einzige Gotteserfahrung. Der Barde fühlt sich in einer späteren Lebensphase zunehmend einsam und verlassen. Die Kälte und Starrheit des Lebens machen die Suche schwierig, zuweilen unmöglich. Im eindringlichsten Lied seiner berühmten Comeback-CD *Time out of Mind* aus dem Jahr 1997 bringt er jene düsteren Gefühle zum Ausdruck:

> *I was born here and I'll die here against my will.*
> *I know it looks like I'm moving, but I'm standing still.*
> *Every nerve of my body is so vacant and numb.*
> *I can't even remember what it was*
> *I came here to get away from.*
> *Don't even hear a murmur of a prayer.*
> *It's not dark yet, but it's getting there.*[38]

Die Zeit in diesem Lied steht still. Was manchmal ein seliger Zustand sein kann, wird hier beinahe zu einer Totenstarre. Der Liedermacher spürt, so der Philosoph Jürgen Goldstein, dass sein eigener Tod naht, und das lässt die mystische Stimme beinahe verstummen: »Er hat aufgehört, ein Resonanzraum für die religiöse Wirklichkeit zu sein.«[39] Er, der stets auf der Suche war, antizipiert Ende und Dunkelheit. In dieser hoffnungslosen Situation kann »kein Gebet mehr erklingen«. Das Lied ist die Klage eines Sängers, der sich scheinbar mit seiner Existenz abfindet, die keine Perspektiven bietet. Ist es aber tatsächlich so, dass Dylan dadurch seinen Halt im Glauben verloren hat? In seiner Erfahrung könnte auch eine Variante jener »dunklen Nacht« mitschwingen, die in der mystischen Tradition allgegenwärtig ist: Die Klage über das »Schweigen Gottes« und das Verstummen des Betenden. All das sind Motive, die auch in den Psalmen vorkommen, in jenem Gebet, das wir Mönche Tag für Tag singen. Ohne Klage kein echter Lobpreis. Ohne Gottes Abwesenheit keine Nähe. Es kommt darauf an, den Gesang und das Gebet fortzusetzen, durchzuhalten. In vielen kleineren und größeren Krisen meines eigenen Glaubenslebens bin ich an der Dunkelheit und zugleich am Vertrauen dieser Poesie ein klein wenig gewachsen.

Auch Dylan hat weitergesungen und ist weitergewachsen. Ausgerechnet mit den düsteren Liedern aus dem Jahr 1997 begann eine neue Phase in seinem Werk, die bis auf den heutigen Tag andauert. Die Erfahrung eines scheinbar abwesenden Gottes kann Ruhe auf den Lebensweg bringen, eine Ruhe, die Offenheit schafft. Es ist ihm offenbar gelungen, die Dunkelheit positiv zu deuten. Es geht dabei um Kehrtwenden, die ein höchst kreativer Mann auf seinem Weg zu sich selber vollzogen hat und noch immer vollzieht. Im Stillstand hat er das Schweigen Gottes erfahren. Auch der Mönch findet sein Gleichgewicht in der Grauzone zwischen der An- und Abwesenheit Gottes.

Metanoia

Wir können Bob Dylan kaum im monastischen Spiegel betrachten, wenn wir nicht auch die Bekehrung, die er vollzogen hat, gesondert thematisieren: Der Künstler mahnte sich selbst zur Demut, als das so gar nicht dem Zeitgeist entsprach. Wie schon die alten Wüstenväter wollte er ein Fremder in der Welt sein. Der Songtext *Gotta Serve Somebody* aus dem Jahr 1979 veranschaulicht dies eindrucksvoll. In diesem

Gedicht macht Dylan mit seinem Leben als Rock-Idol kurzen Prozess, denn es diente lediglich seinem Ego. Er bezieht sich auch hier auf biblische Texte, die Mönchen wie Musik in den Ohren sind. Wie schon Josua schreibt auch der Evangelist Matthäus: »Niemand kann zwei Herren dienen. Denn entweder wird er den einen hassen und den andern lieben oder an dem einen hängen und den anderen verachten. Ihr könnt nicht Gott dienen und dem Mammon.« (Mt 6,24) Dylan bezieht diese biblische Botschaft auf sich selber. Er will die richtige Entscheidung treffen und sein Leben in den Dienst des Höchsten stellen, der all seine Projekte sinnlos macht:

You may be an ambassador to England or France.
You may like to gamble, you might like to dance.
You may be the heavyweight champion of the world.
You may be a socialite with a long string of pearls.

But you're gonna have to serve somebody, yes indeed
you're gonna have to serve somebody.
Well, it may be the devil or it may be the Lord
but you're gonna have to serve somebody.[40]

Die dienende Haltung weckte Verwunderung und Ablehnung. John Lennon, sein Weggefährte in der Popkultur, antwortete mit dem Text »Serve yourself«. Dieser Rat passte auf den ersten Blick besser zu einem modernen Massenidol. Aber der suchende Dylan wollte den radikalen Schritt hin zu einer religiösen Bekehrung, der *metanoia,* gehen, um seine Lebensweise in seinen Songs noch stärker vertiefen zu können. Das erfordert eine Form von Selbstverleugnung, bei der man sogar dem eigenen Willen entsagt.

Der Bezug zur klösterlichen Tradition ist zum Greifen nahe und hat alles mit einem radikalen Leben zu tun, das – wie wir gesehen haben – demütig sein muss. Indem der »heilige Outlaw« in seinen Songs lebt und das Heft der Musik und des Lebens in Demut aus der Hand gibt, wird es ihm möglich, einen radikal religiösen Weg zu beschreiten. Darum wird er zuweilen mit einem Pilger verglichen. Für Dylans spätere Phase ist das Bild des Mönchs genauso passend. Die fragile Stabilität des »heiligen Outlaws«, der wie kein anderer das neue Zeitalter ankündigt und dabei Gottes Gegenwart *und* Abwesenheit erfährt, inspiriert mich auf eine zutiefst menschliche und spirituelle Art und Weise.

Engagement

Ich lege immer noch gerne eine Bob Dylan-CD in meiner Klosterzelle auf, in der ich zum Glück über einen Kopfhörer verfüge. Dabei kann und will ich es nicht ganz vermeiden, dass ich mich an meine Jugend erinnere, an die vielen Momente, in denen mich eine Zeile auf einer neuen CD in meinem wütenden Engagement herausforderte. Heute kann ich als Mönch diese Musik wieder hören. Sie ist nichts Exotisches, sondern ganz eng mit mir selbst verwoben. Ich sehe in Dylan nach wie vor einen großen Revolutionär, gerade weil er sich dieser Rolle immer wieder entzogen hat. Noch immer werde ich wütend, wenn ich seine Antikriegssongs höre. Wo sind die Hunderttausende, die damals auf die Straße gingen? Ich will mir mein radikales Engagement nicht nehmen lassen. Es ist aber auch Bob Dylan, der mich lehrt, dass echtes Engagement nicht nur auf der Straße zu finden ist, sondern tief in einem selbst.

Beim Nobelpreiskomitee sang seine Weggefährtin Patti Smith an seiner Stelle. Es war rührend, wie sie sich in ihre Rolle fügte und demütig um Verzeihung bat, als sie den Text vergaß. Sie wurde zu einer Botschafterin des enigmatischen Maestros und wirkte dadurch fast wie eine Ikone. Ich durfte einige Monate später für unser Institut eines ihrer Konzerte besuchen. Sie lebt, genau wie Dylan, durchaus monastisch: »Manchmal spreche ich tagelang mit keinem Menschen. Aber mein Leben gefällt mir. Ich könnte ständig jemanden anrufen, wenn ich wollte«, sagte sie in einem Interview. Am Ende ihres Konzerts singt sie einen ihrer bekanntesten Songs: »People have the power«. Ich verstehe, warum Dylan und sie seit langer Zeit Weggefährten sind. Die echte Power hat man, wenn man sich absondern kann, den Weg nach innen geht. Die beiden »alten Haudegen« tun das noch immer auf den Bühnen dieser Welt. Ich fühle mich als Mönch mit ihnen verbunden. Durch die Resonanzerfahrungen mit ihrer Kunst voll heiliger Wut werde ich ermutigt, es im Kloster auch zu versuchen. So schenke ich Patti Smith in aller Bescheidenheit eine bronzene Benediktsmedaille. Sie ist das Zeichen unseres Ordens, dass Benedikt in all seiner Kraft vor allem Gott vertraute. Sie zeigt ein Kreuz, das zum Leitfaden für das Leben wird. »Believe it!«, ruft Patti am Ende des Konzerts in die Menge. Ja, das will ich versuchen, mit meiner eigenen kleinen Kraft, in aller Stille.

11 Theater

Die Fähre auf die niederländische Watteninsel Terschelling fährt langsam und ist überfüllt. Die bunte Menge der Fahrgäste erinnert an eine alternative Kulturreise. Frührentner mit Wanderschuhen, Vierzigjährige mit legerer Kleidung, Studenten mit Dreadlocks. Allesamt machen sie den Eindruck, bewusst zu leben, sich gesellschaftlich zu engagieren und für die Überraschungen des Lebens offen zu sein. Sie sind unterwegs zu einem der größten Kulturfestivals Europas, das alljährlich auf der malerischen westfriesischen Insel stattfindet. Die Philosophie des Festivals ist, dass man überall Theater spielen und erleben kann, nicht nur in Sälen oder Arenen. Überall kann man *The Sense of Place* – den »Sinn des Ortes« – erfahren, wie das Motto lautet. *Oerol*, der Name des Festivals, bedeutet im Dialekt der Insel »überall«.

Mitten in diesem Gewimmel sitzt auch eine Gruppe von Dosenbier trinkenden Achtzehnjährigen. Ob sie wohl auch zum Theaterhappening gehen? Sie scheinen so gar nicht ins Bild zu passen, das sich dem unbedarften Besucher bietet. Auf jeden Fall sitzen sie hier mit den Kulturliebhabern im wahrsten Sinne des Wortes im selben Boot. Auch ich befinde mich auf diesem Schiff. Als ich einige Wochen zuvor die Einladung bekommen hatte, auf dem Festival eine Lesung zu halten, war ich zunächst überrascht und irritiert. Was konnte ich zwischen all den prominenten Theatergruppen und Performancekünstlern schon beitragen? Auf der Fähre, die ungefähr zwei Stunden braucht, um die Insel zu erreichen, beschleichen mich diese Zweifel erneut.

Was soll ich als Ordensmann zwischen all diesen Menschen, die auf der Suche nach Abwechslung, kulturellem Tiefgang, Erwachsenwerden und ewiger Jugend sind? Ich frage mich, warum ich die Einladung angenommen habe.

Vielleicht war es meine Abenteuerlust, die mich angetrieben hatte. Die Neugierde, nach langer Zeit mal wieder eine Reise ins Ungewisse zu wagen. Insgeheim hoffte ich aber, dass Theaterleute und alle, die sich mit ihnen identifizieren und nach Inspiration suchen, auch gut zu meiner spirituellen Suche passten. Ich war gespannt auf den Dialog mit den Künstlern, gerade auf dieser Insel, die ich als Kind für einen Wanderurlaub zum letzten Mal besucht hatte. Für mich ist es eine Art Pilgerfahrt auf den Spuren des Theaters. Spiritualität und Kunst sind für mich eng miteinander verflochten. Aber was normalerweise im Theater geboten wird, kann schnell zu einem Monument werden, das einen Sicherheitsabstand verlangt. Vielleicht sind die Begegnungen auf der Insel etwas ganz anderes als ein Theaterbesuch in der nächstgelegenen Stadt. Ja, es war das Stück des Lebens, nach dem ich suchte. Victor W. Turner hat mich dazu inspiriert: »Das Theater hat seine Wurzeln in sozialen Dramen«[41], schreibt er. Wenn dem so ist, dann muss es doch auch möglich sein, im Theater die »sozialen Dramen« meines eigenen Mönchslebens spielerisch nachvollziehen, teilen und verarbeiten zu können.

Doch jetzt ist mir mulmig zumute, weil ich nicht weiß, wie die Mitfahrenden auf meine durch den Habit deutlich sichtbare Identität als Mönch reagieren werden. Dann wieder fühle ich mich ganz richtig an diesem Ort: Die Suche, die Abgeschiedenheit der Insel, die ständige Auf- und Abbewegung der Wellen um uns herum, all das mutet monastisch an. So überkommt mich das Gefühl, gemeinsam mit den verschiedenen Festivalgängern auf einer experimentellen Suche nach meiner Identität zu sein. Hier auf dem Schiff merke ich, dass sie längst noch nicht so klar, so selbstverständlich und abgerundet ist, wie ich in der vertrauten Umgebung meiner Abtei oft denke.

Meine Lesung beim Festival soll die Verbindung von Kultur, Ritual und Spiritualität zum Thema haben. Keine einfachen Begriffe, wenn man nicht weiß, wer letztlich im Auditorium ist. Doch hier, unterwegs auf der Nordsee, schwinden die Zweifel langsam. Rituale dienen dazu, Handlungen Raum zu geben. Klosterleben richtet sich auf nichts anderes. Wir geben unserem Leben einen Sinn, wenn wir den Sinn des Ortes, an dem wir uns befinden, erfassen. Dazu braucht es Übergänge. Ich spüre, dass nicht nur mein Eintritt, meine Einkleidung und meine Profess Wegmarken für diesen Übergang sind, sondern dass mich auch an unerwarteten Orten das Verlangen nach festem Grund im Leben mit anderen Menschen verbindet. Hier auf dem Schiff wird das auf einmal ganz konkret. Ich habe das Gefühl, ein rituelles Leben zu führen, gemeinsam mit den Rentnern, Alternativen, Studenten und Jugendlichen. Würde ich die Stabilität meines Ortes im Kloster gar *hier* finden?

Der Resonanzraum »Festival« hilft dabei, sich das bewusst zu machen, was man ansonsten unter dem Deckmantel der Selbstverständlichkeit schnell vergessen kann: auch als Mönch bleibe ich unterwegs. Man *ist* kein Mönch, sondern man *wird* es sein Leben lang. Man muss seinen Weg immer wieder neu wagen. Ich ahne, dass die Insel Terschelling zu einer wichtigen Zwischenstation meiner persönlichen Reise werden wird. Vieles von dem, was mich auf der Suche in meinem Klosterleben umtreibt, könnte hier zusammenkommen: unterschiedliche, vielleicht auch verstörende Begegnungen und Erfahrungen durch das Theater; der Einklang mit der wunderbaren Natur; die Wut auf das Establishment, die mich schon früher zu einem Anhänger provokativer Kunst gemacht hatte. Meine Umwege der letzten Jahre ziehen an mir vorbei. Vielleicht vermisse ich gerade darum die Glocke zur Vesper, als wir uns der Insel nähern.

Ich bin auf der »Wilhelmina«, einem kleinen alten Boot mit Baujahr 1893, untergebracht. Als mir Harriët, die Kapitänin, meine Kajüte zeigt, muss ich schmunzeln: »Endlich habe ich einen Ort gefunden, der noch kleiner ist als meine Klosterzelle.« Sie lacht. Abends holt Erik mich im Hafen, wo die »Wilhelmina« liegt, ab. Er ist Theaterproduzent und wird meine Lesung am nächsten Tag moderieren. Zugleich ist er für die Dauer meines Aufenthalts mein »Sparringpartner«. Wir gehen zusammen essen, besuchen die Vorstellung, an die meine Lesung inhaltlich gekoppelt ist, sprechen mit den Künstlern. Zielsicher weist er mir den Weg zu den jeweiligen Locations bei diesem herrlich chaotischen Happening. »Komisch, dass ein so professionelles Festival Wert auf Besinnung legt und ausgerechnet einen Mönch einlädt«, sage ich zu Erik. »Ganz und gar nicht«, erwidert er. »Genau das zieht die Leute hierher: die Mischung aus Performance, Engagement und Lebensgefühl. Darum geht es dir doch auch?« Dieser kulturelle Tausendsassa ist mir gleich sympathisch. In der Tat, man kann das ganze Leben als »Performance« betrachten: man verkörpert sein Verlangen, sein Lebensgefühl, und bringt das immer wieder szenisch zum Ausdruck. Mönche machen das in gewisser Weise genauso zu ihrer Lebensaufgabe wie Schauspieler.

Die Offenheit bestätigt sich in der Art und Weise, wie Erik und ich miteinander umgehen: der Stadtmensch aus Amsterdam und der Mönch aus der abgelegenen Abtei am anderen Ende der Niederlande. Der Regisseur und der Ritualwissenschaftler. Denn auch in dieser Eigenschaft bin ich hier: als Mönch *und* zugleich als Universitätsprofessor. »Es geht gar nicht anders, als dass man die Performance seines eigenen Lebens in dieses große Theaterstück mit hinein nimmt. Wir feiern hier unser Leben mit tausenden von Menschen, und wir können auch noch darüber nachdenken – wunderbar!«, sage ich. Diese Begeisterung gibt einem Mönch zu denken.

Im »Backstage-Bereich«, für den wir spezielle Zugangsbändchen bekommen, treffe ich Künstler und Mitarbeiter, die keinen Unterschied machen zwischen der Bühne und den Zelten, in denen sie sich auf die Vorstellungen vorbereiten. Sie *leben,* was sie spielen. Ganz wie wir Mönche uns immer in der Liturgie unseres Lebens bewegen.

Das Wort »Performance« ist im Zusammenhang mit Spiritualität inzwischen nicht mehr ungewöhnlich. Es bedeutet, »sein Leben in einen Rahmen zu setzen (*framing*)«, so schreibt die amerikanische Ritualwissenschaftlerin Catherine Bell.[42] Die Bühne kann so ein Rahmen sein. Für die Dauer einer Vorstellung wird sie sowohl für die Schauspieler als auch für die Zuschauer zur Lebenswirklichkeit. Die Performance bedeutet nicht einfach zu tun *als ob.* Sie ist keine Scheinwelt, sondern der Ort, an dem man sich voll und ganz bewusst befindet. Ich erzähle Erik, dass es sich in der Theologie lange Zeit nicht wirklich ziemte, religiöses Leben als Performance zu sehen. Nein, in der Kirche feierte man *Gottesdienst*, und eine *Performance* gehörte ins Theater. Denn ein Ritual wie der Gottesdienst ist echt, die Performance nicht. Dieser Unterschied wird in jüngster Zeit weniger strikt aufgefasst. Wenn man einen Mönch fragt, ob seine Lebensweise eine Performance ist, wird er das wohl meistens verneinen. Aber wenn man mit ihm darüber spricht, dass eine Performance bedeutet, seinen Lebensrahmen bewusst zu inszenieren, wird er ins Grübeln kommen. Die Künstler, die ich hier treffe, sind ebenfalls Menschen, die Kreativität und Inspiration suchen, um den Rahmen ihres Lebens zu erkunden, zu erleben, darzustellen. Kunst ist kein Kloster, aber eine Art, Wirklichkeit zu erleben, eine Resonanz für alle Suchenden, auch für mich.

Als wir den Backstage-Bereich nach einer ausgezeichneten Mahlzeit mit Künstlern und anderen Mitwirkenden wieder verlassen, erblicke ich mitten auf dem Festivalgelände eine Kirche aus Holz. Man hat sie eigens für das Event erbaut. Der Innenraum lädt dazu ein, sich niederzulassen und Ruhe und

Besinnung inmitten des Trubels zu genießen. Bei den vielen Festivals, die ich in meiner Jugend besucht habe, war mir so etwas noch nie begegnet. »Warum hat man dem Raum die Form einer Kirche gegeben?«, frage ich Erik. Sein Blick sagt mir, dass ich das doch wohl besser wissen müsste als er. Er erzählt mir von der Glaubenskrise, in der sich seine Mutter befindet, weil sie viele Dinge aus ihrer Kindheit einfach nicht mehr glauben kann. Mir wird klar, dass mir viele Glaubensvorstellungen aus meiner eigenen Kindheit gar nicht mehr wirklich präsent sind.

»Man muss nicht alles *verstehen*, vieles kann man auch einfach *tun*«, sage ich. Und tun kann man hier eine ganze Menge. Die Besucher scheinen sich nicht den Kopf darüber zu zerbrechen, welche Weltanschauung sie haben und ob sie für oder gegen eine Ideologie sind. Sie sind einfach da, und das öffnet ihre Sinne für Kunst, Kreativität und Inspiration. Vielleicht fühle ich mich deshalb immer wohler in dieser ungewohnten Umgebung. Es ist wahrscheinlich derselbe Grund, warum viele Gäste in unsere Abtei kommen: Verstörung kann zur Inspiration werden. Mit diesen Gedanken im Kopf steige ich in das Auto des Produktionsteams, und wir fahren zur Location, wo die Veranstaltung stattfindet, zu der ich am nächsten Tag den Vortrag halten soll: *The Rite of Spring* – die »Frühlingsweihe« ist eine Ballettproduktion mit vier jungen niederländischen und vier südafrikanischen Tänzerinnen. Wir fahren ungefähr zehn Minuten und halten irgendwann mitten im Wald an. Terschelling birgt unerwartete Orte mit einer sehr abwechslungsreichen Landschaft. Hier zwischen den Bäumen stehen schon jede Menge Fahrräder am Wegesrand. Menschen warten in einer langen Schlange, um buchstäblich »in den Wald geschickt zu werden«, denn dort findet die Aufführung der Frühlingsweihe statt.

Einige hundert Zuschauer sitzen abends um halb zehn um einen ovalen Laufsteg herum. Plötzlich erscheinen die Darsteller. Sie laufen auf einem Catwalk, der über dem Sand des Waldbodens verläuft, und erinnern mich an die Jugendlichen mittags auf der Fähre. Zwar trinken sie kein Dosenbier, aber sie suchen ebenfalls ihre Identität und tun Dinge, die den meisten Außenstehenden nicht geheuer sind: Sie streiten sich, hänseln sich wegen ihrer jeweiligen Schwächen und prügeln sich. Sie reiben sich aneinander. Die scheinbar sinnlose Atmosphäre ungezähmter jugendlicher Kraft mündet in Einsamkeit, Gewalt, Selbstverlust, Verstörung. Aus den Lautsprechern, die irgendwo in den Bäumen hängen, klingt laute, spröde Musik, der trockene Klang eines unzivilisierten Lebensstils.

Die Inszenierung ist deutlich an jene archaische Geschichte angelehnt, die Igor Strawinsky in seinem berühmten Werk *Le Sacre du printemps* verarbeitete. Es geht um einen Weihekult, in dem Grausamkeit und neues Leben miteinander verbunden werden. Das Harmonisieren ungezähmter Lebenskräfte kann Opfer verlangen, Gewalt und sogar Tod zur Folge haben. Diese Gefahr kann man nicht vermeiden, wenn man die Fülle des Lebens erreichen will. »Wer weiß heute noch genau, was mit Weihe gemeint ist? Ein urtümliches Wort, in allen Farben schillernd und doch ein Ganzes; ein Wort, das aus den ungeahnten Tiefen des Unterbewussten schöpft und sich erschließt im Rausch einer blendend hellen Ekstase, die alle Regeln und Moralvorstellungen auslöscht«, so der Dirigent Teodor Currentzis über seine Einspielung des *Sacre*. »Hier ist der Frühling grausam und vertikal. Ein Frühling der Revolution, der Wiedergeburt, rachsüchtig und flammend. Unergründlich und voller Trauer bringt er zugleich neues Leben.«[43]

Im zweiten Teil der Vorstellung im Inselwald erscheinen die Tänzerinnen in weißen Kleidern. Sie haben nun die Freiheit erlangt, nach dem neuen Leben im Frühling suchen zu können. Aber auch das kann wieder zu einem Zwang werden. Schnell gefällt man sich in seinen neuen Kleidern selber am besten, und erneut droht Dekadenz. »Die Mädchen bewegen sich auf dem Laufsteg, als wenn sie Popstars wären«, raunt ein Besucher eine Reihe vor uns. Und vorn entsteht ein heftiger Streit, noch blutiger als zuvor. Der Tod liegt auf der Lauer, weil die Kräfte des neuen Lebens noch längst nicht harmonisch aufeinander abgestimmt sind. Im Tanz entsteht jedoch eine immer größere Balance. Am Ende verschwinden die Tänzerinnen buchstäblich im Wald, in ihr mysteriöses neues Leben. Ich schaue gemeinsam mit Erik einer Prozession von tanzenden jungen Frauen nach, die bald schon im Nebel verschwinden. Klammheimlich muss ich an mein Ordenskleid denken: Waren meine Kräfte auf die meiner Mitbrüder abgestimmt, als ich den Habit im Frühling meines Mönchslebens empfing, so wie die Mädchen ihre weißen Kleider? Wohl kaum, und allzu oft lief ich wie auf einem Laufsteg in die Kirche. Diese Phase wird heute Abend wieder lebendig, und ich werde mir der Gefahr bewusst, wie schnell unsere Lebenskraft destruktiv werden kann, auch im Kloster.

Inzwischen ist es fast elf und stockfinster auf der Insel. Man wird von dieser Weihe und dem Frühlingsopfer bis ins Mark erschüttert. Der Gegensatz von Gewalt und Harmonie, Tod und Leben, gehört zu einem Ritual wohl dazu. Es vereint widerstrebende Kräfte in diesem einen Moment. Ich muss als Zuschauer an die erste Erfahrung denken, die ich mit Strawinskys Musik gemacht habe. Musikwissenschaftler Marius Monnikendam beschreibt diese schon in den fünfziger Jahren des vorigen Jahrhunderts wie folgt: »Wenn man zum ersten Mal *Sacre de Printemps* hört, verschlägt es einem, wenn man Ohren hat, um zu hören, die Sprache. Man wird von einer Naturgewalt überrumpelt, die in unser eigenes Leben eingreift. Man hat keine Worte, um diese Empfindung zum Ausdruck zu bringen.«[44] Die Urgewalt ist auch in der anderen musikalischen Fassung auf Terschelling nicht minder heftig. Die Umgebung, die Tänzerinnen, die elektronischen Klänge, das mystisch anmutende Licht: all das lässt den Zuschauer am neuen Leben der Protagonisten teilhaben. Sie kehren schließlich mit Blumen in den Haaren auf den Catwalk zurück, tanzen voller Schönheit und Erhabenheit.

Standing Ovations und ich fühle mich schlussendlich durch diese Performance gestärkt.

Im Backstage-Bereich spreche ich mit einer Darstellerin: »Die Kraft war heute Abend nicht nur bei uns Tänzern vorhanden, sondern bei allen, die um uns herumsaßen«, sagt Kirsty, eine junge Tänzerin aus Südafrika. Ich merke, dass sie sich auch mit mir verbunden fühlt, auch wenn ich in meinem Mönchsgewand sicher überraschend, vielleicht verstörend auf sie wirke. Was erkennt diese Schauspielerin wohl in mir? Es muss mit der Suche nach einer Lebensform zu tun haben, die Kräfte bündelt, ins Gleichgewicht bringt und fruchtbar macht. »Ihr habt heute Abend meine Wut geheilt, durch die Frühlingsweihe«, sage ich ihr. Sie lächelt. »Denkst du, dass jeder sein Leben lang solche Opfer bringen muss wie die Mädchen in der Vorstellung oder du in deinem Kloster, um wirklich seine ganze Lebenskraft entfalten zu können?«, fragt Erik. »Ja«, antworte ich, »davon bin ich überzeugt.« Und wir laufen durch die Nacht zurück zum Auto.

Ritual

Inzwischen haben wir Veerle, eine holländische Journalistin, getroffen. Sie soll mich für die Festivalzeitung interviewen. Gemeinsam fahren wir Richtung Hafen. Dort sind urige Kneipen, wo wir in Ruhe würden reden können. Es ist beinahe Mitternacht. Und es erweist sich als schwierig, ein ruhiges Plätzchen zu finden. Die Kneipen sind alle voll. »Eigentlich kann man das Festival auch als ein Ritual betrachten«, sage ich zu ihr. »Alle diese Menschen hier sind mit der Fähre gekommen, genau wie ich. Sie suchen nach Sinn. Sie bringen ihre eigenen Rituale mit auf die Insel und nehmen andere wieder mit nach Hause.« Eine Quelle ritueller Kreativität, wie sie auch in *The Rite of Spring* zum Ausdruck kam. An diesem Abend scheint die Welt tatsächlich noch in Ordnung zu sein, wir alle teilen unsere je eigenen Rituale miteinander.

Wie schwer ist das oft im »wirklichen Leben«. In den über-füllten Lokalen sitzen Alt und Jung, sie alle feiern das neue Leben. »Vom Ritual zum Theater« und zurück, wie Victor W. Turner so schön sagte.

»Die heutige Zeit ist ständig im Fluss, im *flow,* wie man neudeutsch sagen würde«, erkläre ich Veerle, die mich nach meinem eigenen rituellen Leben als Mönch fragt. »Ich bin froh, eine Form gefunden zu haben, die mir Halt gibt und zu mir passt. Natürlich muss nicht jeder Mönch werden, aber jeder braucht Rituale, die Raum für neues Leben schaf-fen.« Das Theater verbindet also Clowns, Dramatiker, Tän-zer, Sänger, Regisseure und Zuschauer. »Gehört ein Mönch auch zu diesen Rollen?«, fragt mich Veerle verschmitzt. »Ja und Nein«, antworte ich. »Ein Mönch spielt nämlich keine Rolle. Er *ist* seine Rolle. Nur dadurch kann er wirklich sinn-voll am Spiel des Lebens teilnehmen.« Das ist eine typische Aussage für nach Mitternacht, denke ich, während ich noch spreche. Aber Veerle reagiert auch zu dieser späten Stunde noch sehr geistesgegenwärtig: »Dann ist er also ein Vorbild für jeden Schauspieler und jeden Zuschauer? Denn die sollen ja im ›echten Theater‹ auch nicht einfach nur tun als ob.« Wie recht sie hat.

Als ich schon längst in meiner Koje auf der »Wilhelmina« liege, arbeitet Veerle noch das Interview für die Zeitung aus. Ich freue mich, als ich den Artikel einige Tage später lese, dass sie als Zuschauerin und Journalistin genau gespürt hat, worum es mir als Mönch geht. Genau wie die Schauspieler will ich meine Energie entdecken und ausleben, was in mir ist. Wie oft gelingt es mir nicht, weil ich mich nicht traue oder weil ich übers Ziel hinausschieße. Dann macht mir das The-ater Mut, wieder so zu leben, wie ich es mir eigentlich im-mer gewünscht habe: radikal. Die Radikalität des Mönchs habe ich heute Abend auf der Bühne beim Festival erleben dürfen. Und mancher hat sie wohl auch in mir wahrgenom-men, ohne dass ich wirklich etwas Besonderes dafür getan hätte. Ich falle halt auf im Habit. Unterwegs zum Boot war ich von einem Mann mittleren Alters angesprochen worden, der gerade aus einer der Kneipen stolperte und noch ein bisschen Seeluft schnuppern wollte: »Bist du ein buddhistischer Mönch?«, fragte er mich neugierig. »Nein«, antwortete ich, »ein christlicher«. »Das ist gut, man muss immer nah bei seinen Wurzeln bleiben«, erwidert er, wohl nicht nur aus einer Bierlaune heraus. »Und ich dachte immer, christliche Mönche seien aus der Mode«. Bei seinen Wurzeln zu bleiben, heißt radikal zu sein. Das Festival macht mir das in dieser Sommernacht einmal mehr bewusst.

Am nächsten Morgen sitze ich mit netten Menschen, die ich vorher nicht kannte, unter Deck der »Wilhelmina« am Frühstückstisch. Harriët hat ihn reichlich gedeckt. Wir sprechen über einige Vorstellungen, die meine Mitbewohner am Abend zuvor besucht hatten. Niemand ist von meinem Habit irritiert, und das macht mir Mut für die Lesung, die ich nachmittags auf dem Hauptgelände des Festivals halten soll. Gegen Mittag holt mich Erik mit dem Auto ab und wir gehen noch gemeinsam essen. Backstage spricht mich eine Frau an, die regelmäßig in unserer Abtei zu Gast ist: »Toll, dich hier zu sehen«, sagt sie. Sie hilft ehrenamtlich beim Festival mit. Noch ein Detail macht mir Hoffnung: »Willst du beten?«, fragt Erik mich vor dem Essen. Ich begnüge mich mit einer kurzen Stille, die ausreicht, uns beiden ins Gedächtnis zu rufen, dass es auch in diesem herrlichen Trubel um Offenheit geht – für Gott, so glaube ich.

Leben

Die Lesungen beim Festival finden in einem Zelt statt. Genau wie das Schiff und die Insel ist es ein schönes Symbol, denke ich, als ich mit Erik und dem Tontechniker Ruben die Bühne betrete. Ein Zelt symbolisiert Unterwegssein, Übergang, Schutz im unwegsamen Gelände. Zelte erinnern auch an Pilger. Man kann das Festival mit einer Pilgerreise vergleichen. Ein komischer Gedanke. Das Zelt des Pilgers steht auf heiligem Boden. Was ist heilig in der Kunst? Ich komme ins Grübeln und verkneife mir ein vorschnelles Urteil, auch durch das Gespräch, das ich mit Erik beim Essen hatte: »Ich bin nicht gläubig«, hatte er plötzlich zu mir gesagt, während ich gerade mit dem Nachtisch anfing. »Was bedeutet es, gläubig zu sein? Geht es nicht einfach darum, was man *tut*? Vielleicht öffnet der tiefe Sinn, den viele hier auf der Insel erfahren, die Heiligkeit des Lebens?«, fragte ich zurück. Der Soziologe Hans Joas nennt so etwas »Selbsttranszendenz«.[45] Kunst ist dafür eine wichtige Quelle. »Wenn dein Zelt auf künstlerischem Boden steht, wirst du zum Pilger, der das Wunder des Lebens sucht«, füge ich noch hinzu. Ruben, der Tontechniker, reißt mich aus meinen Gedanken, denn das Mikrofon muss eingestellt werden. Soundcheck – alles ist sehr professionell und läuft wie geschmiert.

Dann ist die Zeit für die Lesung gekommen. Im Zelt finden längst nicht alle interessierten Besucher einen Sitzplatz. Ich bin überwältigt. Die Veranstaltung ist zu den Themen Ritual und Mönchtum angekündigt worden, und ich hatte mir durchaus Sorgen gemacht, ob überhaupt jemand kommen würde. »Anscheinend sind das Themen, die mehr Leute ansprechen, als du dachtest«, sagt Ruben, der inzwischen hinter dem Mischpult sitzt. Ich versuche, viele der Gedanken, die ich während des Festivals hatte, in der Lesung zu teilen. Danach findet ein Podiumsgespräch zwischen Moniek Merkx, der Regisseurin der Frühlingsweihe, und mir statt. Erik fragt als Moderator das Publikum, welche Rituale sie haben. Einige interessante Beispiele werden genannt. Von profan – »Mit achtzehn zum ersten Mal selber etwas unterschreiben dürfen« – bis religiös – »Ich habe mich vor einem halben Jahr taufen lassen« – ist allerhand dabei. Es ist toll, wie Menschen hier über ganz unterschiedliche Rituale reden können. »Man braucht das Rad nicht neu zu erfinden. Rituale gibt es Gott sei Dank schon«, sage ich über das rituelle Repertoire des Klosters, des Theaters und des Lebens. »Ich wollte radikal etwas in meinem Leben verändern, und das Ritual schien ein probates Mittel«. »Ist es gelungen?«, fragt eine junge Frau aus dem Publikum. »Ich glaube schon«, sage ich, »sonst hätte ich mir diese Performance hier heute Mittag nämlich nicht zugetraut.« Ich frage mich insgeheim: Habe ich wirklich radikal etwas verändert? Durch die vielen freundlichen Gesichter all der Menschen hier, die die Welt verändern wollen, weiß ich es nicht mehr. »Ich werde heute direkt wieder neu damit anfangen«, sage ich der Frau. Regisseurin Moniek hat eine ganz ähnliche Erfahrung. Sie erzählt, dass sie, wenn sie wütend ist, in den letzten Jahren immer deutlicher spürt, dass sich das auch körperlich äußert. »Ich glaube, wir können alle das Leben verkörpern, wenn wir auf die Wut in unserem Bauch hören.« Das ist ein schöner Gedanke, den ich teile. Und die vielen im Publikum mit uns.

Nach der Lesung signiere ich noch einige Bücher und spreche mit Lesern. Es sind viele junge Besucher gekommen, die das Gespräch suchen. Wir sprechen über unterschiedliche Lebensformen. Ich suche meine im Kloster und freue mich schon darauf, abends wieder zu Hause zu sein. Die Jugendlichen von der Fähre habe ich nicht mehr gesehen. Schade eigentlich, denn ich hätte zu gerne gewusst, was ihnen meine Gedanken zum radikalen Klosterleben hier auf dem Theaterfestival gesagt hätten. Ob sie wohl eine der Vorstellungen der »Frühlingsweihe« in den kommenden Tagen besuchen werden? Wahrscheinlich nicht. Aber die Insel verbindet in diesen Tagen alle Suchenden und Fragenden, warum also nicht auch die »coolen Kids«? Ich wünsche ihnen von Herzen, dass sie sich hier ausleben können, ihre Wut heiligen und zu Hause zu offenen, guten Menschen werden. Mit Erik trinke ich am Hafen, kurz bevor meine Fähre zurück aufs Festland fährt, noch einen Cappuccino. Wir haben uns beide sehr über unser Inselritual gefreut, das Theater unseres Lebens. Ich gehe zurück ins Kloster. »Wohin gehst du?«, frage ich Erik. »In mein eigenes Kloster«, antwortet er lächelnd. »Ist das die Bühne?« – »Vielleicht, es ist überall.« Meins ist am anderen

Ende von Holland, und da bleibt es auch. Im Chor abends spüre ich, was die folgende Phase meiner eigenen Frühlingsweihe ist: zulassen, dass man jeden Tag neu anfangen kann.

12 Geschichte

Ich gehe gerne mit der kleinen Hannah und ihren Eltern auf Mittelaltermärkte. Hannah ist vier Jahre alt und gehört zur Familie. Die Zauberwelt, die es da zu erleben gibt, fasziniert uns beide. Ihr haben es nicht nur die Fahrgestelle und die Leckereien angetan. Ich spüre intuitiv, dass sie die archaisch anmutenden Gewänder, die Dudelsack- und Drehleier-Musik und die vielen Handwerkstände faszinieren. Zu solchen Spektakeln kommen tausende Besucher, viele in mittelalterlichen Kostümen. Manche verbringen ganze Wochenenden in mittelalterlichen Zelten und essen wie die Kreuzritter. Die Anziehungskraft »gelebter Geschichte« – *lived history* – ist groß. Ich sagte einmal zu Hannah, als wir an einem Backstand vorbeiliefen: »Schau, so haben die Leute früher gegessen.« – »Dann haben die Sachen sich aber lange gehalten!«, entgegnete sie verwundert und blickte auf das Fladenbrot, das frisch aus dem mittelalterlichen Holzkohleofen kam. Ein anderes Mal sagte ich: »Guck mal, so haben sich die Leute früher angezogen.« Gerade hatten wir einen prächtigen mittelalterlichen Filzhut für Hannah gekauft. »Ich habe doch auch so etwas auf dem Kopf, ist das denn von früher?«, fragte sie neugierig. Ein drittes Mal ging es um den Tanz. Bei einer der unzähligen Gruppen, die Tanzweisen spielen und Tavernen-Lieder anstimmen, sprang Hannah voller Begeisterung im Kreis herum. Sie scharte sich zu einer Gruppe von Frauen, die einen Bauchtanz machten. »So haben die Leute früher auch getanzt«, spornte ich sie an. Nun hatte sie anscheinend genug von meinen ständigen Hinweisen auf »früher«: »Aber wir sind doch *jetzt* hier!«, entgegnete sie mir trotzig. Wie recht sie hatte! Und ich denke an mein Mönchsgewand, das auf viele Menschen wie aus vergangenen Zeiten wirkt. Doch ich trage es jetzt und hier – es ist nicht von gestern.

Es ist bemerkenswert, wie in manchen Situationen die Grenze zwischen Gegenwart und Vergangenheit verschwimmen kann. Hannah hatte sich schon lange auf ein besonders großes Mittelalterfestival gefreut, auf das wir zusammen gehen wollten. Im Jahr zuvor hatte ich ihr einen Anhänger bei einem Glasbläser gekauft. Ich hatte ihr dabei erzählt, dass ich ihn von den Elfen bekommen hätte, die beim Festival umhertanzten. Eine solche Geschichte würde einem kleinen Mädchen die Freude an meinem Souvenir sicher vergrößern. Das stimmte auch. Hannah erzählte jedem stolz, sie habe den Anhänger von den Elfen bekommen. Nun wollte sie die Elfen unbedingt selber treffen. Ich machte mir Sorgen. Würde sie vielleicht enttäuscht sein, wenn sie merkte, dass die Elfen verkleidete Menschen waren? Hannah war ganz und gar nicht enttäuscht. Es waren für sie auch keine Kostüme. In dem Moment, als wir der Schaustellergruppe begegneten, die die Elfen darstellte, *waren* es für Hannah Elfen. »Da sind sie ja. Soll ich sie nach dem Anhänger fragen?«, rief Hannah begeistert. »Nein«, sagte ich, »Elfen verraten ihre Geheimnisse nicht. Du darfst dir etwas wünschen.«

Auch die Grenze zwischen Realität und Phantasie kann verschwimmen, und ich ertappe mich bei jenem Phantasiespektakel dabei, dass auch für mich die Elfen zur Realität werden. Natürlich weiß ich, dass es Menschen sind, die sich am Abend wieder umziehen. Aber sie sprechen mit Hannah, sie bewegen sich, sie sind *real*. Wir können uns in Realitäten hineinbegeben, die sich durch die Zeitreise ins Mittelalter öffnen. Das heißt nicht, dass ich, wenn ich jetzt hinter meinem Schreibtisch sitze, an Elfen glauben würde. Aber wenn ich auf dem Markt bin, esse, trinke und singe wie im Mittelalter, und mit der kleinen Hannah dazu tanze, ist dieser Zweifel völlig irrelevant. Die Welt wird unendlich groß, wenn man sie durch den Spiegel der Geschichte und der Phantasie betrachtet. So muss es auch den Spielleuten ergehen, die dort Woche für Woche ihre Lieder singen und in den Zelten wohnen. Wie ist es möglich, dass sie so authentisch auf der Bühne stehen, als lebten sie in der Vergangenheit und als seien übersinnliche Kräfte ohne Probleme für sie wahrnehmbar? Es muss so ähnlich sein, wie wenn wir Mönche die Gesänge längst vergangener Zeiten im Chorgestühl anstimmen.

Der Sänger der Musikgruppe *Faun*, deren Konzert wir an jenem Tag besuchen – sein Pseudonym ist Oliver S. Tyr –, sagt mir später in einem persönlichen Gespräch: »Es ist jedes Mal ein Zauber, in die Geschichten einzutauchen, die von anderen Welten erzählen. Aber wir flüchten uns nicht in diese Welt, wir sind moderne Menschen, die ihr Leben nur phantasievoll gestalten.« Hannah und ich bewegen uns bei dem Event in einer Welt, die uns zunächst ein wenig verstört. Es ist ein ganz schönes Gewusel auf so einem Markt, und für ein kleines Kind ist das am Anfang schwer zu verkraften. Für einen Klosterbruder wie mich aber nicht minder. Irgendwann greift dann der Zauber, und wir leben in der Vergangenheit, die unsere eigene Gegenwart wird. Das ist merkwürdig, führt aber zu großer Offenheit und Toleranz.

Ehrfurcht

Manchmal besuche ich Hannah und ihre Eltern im Habit. Einmal setzte ich die Kapuze des Gewandes auf und fragte sie: »Na, wie sieht der Bruder Thomas jetzt aus?« Sie antwortet erst zögerlich, dann energisch: »Wie eine Hexe!« Ihre Phantasie wird angeregt, aber sie geht in eine andere Richtung, als ich es vielleicht gerne gehabt hätte. Eine Hexe hat in der Vorstellungswelt einer heutigen Vierjährigen nun mal einen prominenteren Platz inne als ein Mönch. So setzte ich die Kapuze schnell wieder ab. Wenn Hannah mich im Kloster besucht, ist es anders. Dann sieht sie mich ebenfalls im Habit. Normalerweise spielt sie gerne mit mir und versteckt sich unter meinem Skapulier. Aber das tut sie nicht im Kloster. Nicht dass sie abgeneigt oder desinteressiert wäre. Im Gegenteil, sie ist ganz bei der Sache. Sie taucht in die historische Welt des Klosters ein, auch hier entsteht ein Zauber. Aber Hannah merkt sehr wohl, dass es einen Unterschied zwischen den Elfen auf dem Mittelaltermarkt und dem Kloster gibt. Sie spielt mit mir, erst zögerlich, dann feierlich auf der Orgel der Abteikirche. Dann bin ich nicht mehr die Hexe, sondern eben der Bruder Thomas. Sie hat ein sicheres Gespür dafür, dass sich sowohl Stil als auch Botschaft unterscheiden.

Als sie einmal zur Vesper bleibt, einem immerhin halbstündigen Gottesdienst, versucht ihr Vater, ihr zur Vorsicht zwischendurch ins Ohr zu flüstern, dass man in der Klosterkirche ruhig sein müsse. Noch bevor er dazu kommt, flüstert Hannah ihm zu: »Still sein, Papa«. Es gibt offensichtlich eine Ehrfurcht, die beinahe natürlich mit dem Kloster verbunden ist. Vielleicht erfahren gerade Kinder in Hannahs Alter das Heilige auf ganz ursprüngliche Weise. Dem Religionswissenschaftler Rudolf Otto zufolge ist das Heilige *fascinosum et tremendum* – »faszinierend und furchteinflößend« zugleich.[46] Diese paradoxe Spannung erlebt Hannah in unserer Abtei; und sie ist dabei keine Ausnahme. Das Heilige nötigt uns allen Ehrfurcht ab, egal, ob wir alt oder jung, gebildet oder ungebildet, kirchlich oder unkirchlich sind.

Vergangenheit

Ein wichtiger Resonanzraum, in dem man das Heilige erfahren kann, ist die Geschichte. Wenn wir in die Vergangenheit eintauchen, öffnet sich die Zukunft. Wer ehrfürchtig in der Vergangenheit verweilt, der ist offen für das Leben: gestern, heute, morgen und bis ans Ende der Zeit. Das Kloster hat unverkennbar einen solchen Vergangenheitsbezug. In der Blütezeit der mittelalterlichen Klöster hatten diese einen sehr alternativen Charakter. Der Historiker Gert Melville schreibt: »Die Frauen und Männer in den Klöstern lebten den ›in der Welt‹ Verbliebenen ein Modell vor, das allen veranschaulichte, dass Erlösung tatsächlich möglich war.«[47] Dieses Modell war für jedermann sichtbar, greifbar und erfahrbar. Es faszinierte den mittelalterlichen Menschen, aber es war eben auch anders und hatte einen mythischen Bezug zur Vergangenheit, zur christlichen Tradition und zur ultimativen Zukunft, die wir »Erlösung« nennen.

Die Klostertradition ist natürlich nicht stehengeblieben; sie entwickelt sich immer weiter. Melville spricht von »Experimenten, kühnen Neuansätzen, beharrlichen Reformen, aber ebenso [vom] Niedergang und Scheitern«. Man würde Klosterspiritualität völlig falsch verstehen, wenn man eine Abtei wie ein Museum besuchte. Es gibt durchaus einen Unterschied zwischen einem Kloster und einem Freilichtmuseum, in dem zuweilen auch Schauspieler in archaischen Gewändern herumlaufen. Abgesehen davon, dass Mönche normalerweise keine guten Schauspieler sind, geht es ihnen nicht in erster Linie um die Vergangenheit. Es geht nicht um reine Nostalgie oder ein romantisches Verlangen. Vielmehr leben Ordensleute in radikaler Offenheit auf die Zukunft hin. Sie verkörpern durch ihre Lebensform die Geschichte Gottes mit den Menschen.

Trotzdem atmet eine Abtei auch den Geist der Jahrhunderte, in denen sich ihre Geschichte entwickelt hat. Klösterliche Lebensform ist bereits erprobt. Das war für mich ein wichtiger Grund, ins Kloster einzutreten. Es ist nicht irgendein Rollenspiel, das wir gemeinsam aufführen, und unsere Regeln des alltäglichen Lebens sind keine reinen Regieanweisungen. Nein, hier haben wir es mit Geschichte zu tun, die Lebenswirklichkeit erst ermöglicht. Wie sonst können wir erklären, dass wir in einer Art und Weise miteinander umgehen, die in der heutigen Gesellschaft nirgendwo anders mehr anzutreffen ist? Ich denke zum Beispiel an die Gewohnheit, nur leise miteinander zu reden. Klar, ein wenig gedämpfte Stimmen sind in einer vom Lärm bestimmten Welt oft eine Wohltat. Aber in den Klostergängen erzeugen sie einen mysteriösen Hall, der einem durchaus das Gefühl geben kann, zu leben wie die Mönche im Mittelalter. Genau das ist auch eine Stärke solcher Bräuche. Man kann sie nicht beliebig ändern, denn sie sind ein Erbe, das man in Ehren halten muss. Aber sie sind eben auch Auftrag. Wenn man stumpf beibehält, was schon immer so gewesen ist, verliert es seine Glaubwürdigkeit. So ist ein älterer Mitbruder in unserem Kloster der »Hüter der Stille«. Immer wieder mahnt er uns, nur leise zu sprechen, wenn überhaupt. Wir machen uns als junge Mönche manchmal heimlich darüber lustig, aber insgeheim nötigt seine Haltung uns Respekt ab.

Individualität

Ich habe selber eine gewisse Zeit gebraucht, um zu erkennen, wie man zeitgemäß in alten Bräuchen leben kann. Das Beispiel des leisen Sprechens hat mir aber allmählich gezeigt, dass es nicht darum geht, in Ehrfurcht zu erstarren. Anfangs traute ich mich kaum, überhaupt den Mund aufzumachen, wenn ich nicht gerade mit jemandem im Sprechzimmer saß. Viele spontane Reaktionen habe ich lieber unterdrückt, denn es hätte ja sein können, dass ich ansonsten gegen die Regel, die ich damals noch nicht gut kannte, verstieß. Im Laufe der Zeit entwickeln sich aber im strikt geregelten Tagesverlauf Räume, in denen ich durchaus spontan sein kann. Die nonverbale Kommunikation mit Mitbrüdern kann Anlass zum Schmunzeln geben. Wenn Gäste das bemerken, wundern sie sich manchmal. Passt das denn zum strengen Ton der Regel Benedikts? Da lesen wir zum Beispiel: »Albernheit aber, müßiges und zum Gelächter reizendes Geschwätz, verbieten wir für immer und überall.« (RB 6,8)

Jeden Tag wird vor dem Abendessen eine Passage aus der Ordensregel vorgelesen. Dabei geht es nicht darum, einem die Laune beim Essen zu verderben, sondern die Grundlage, nach der Benediktiner seit dem sechsten Jahrhundert leben, ins Gedächtnis zu rufen und im Heute zu verankern. Die Regel ist nicht dazu da, gebrochen zu werden. Im Gegenteil.

Aber sie muss so gelebt werden, dass jeder seine eigene Geschichte und seine Individualität in der großen Geschichte des Ordens und der Gemeinschaft erleben kann. Wenn man sich einmal daran gewöhnt hat, braucht man die alten Bräuche genauso wie die kleinen Gesten, die man mit einzelnen Mitbrüdern austauscht. Dabei können auch eigene kleine Traditionen entstehen. Ich habe zum Beispiel mit einem meiner Mitbrüder die Gewohnheit, dass wir uns jedes Mal in fast übertriebener Förmlichkeit durch eine Verbeugung grüßen, wenn wir uns zufällig begegnen. Das entspricht durchaus dem Brauch. Bei uns ist es aber mit einem leichten Augenzwinkern verbunden.

Individualität und Gruppengefühl greifen so ineinander, dass keiner der beiden Bereiche den anderen dominiert. Ohne den Vergangenheitsbezug wäre das nicht möglich. Wer kennt es nicht, dass Absprachen, die man einmal in der Familie, unter Kollegen oder mit guten Freunden getroffen hat, bald wieder verwässern, wenn sich Stimmung oder Situation verändern. Das kann im Kloster nicht so leicht passieren, weil das historische Gewicht der niedergeschriebenen und zur Tradition gewordenen Verhaltensweisen die Gemeinschaft zusammenhält. Die Tradition bietet so den Raum, sich von Stimmungen und Launen frei zu machen. Ich genieße es immer wieder, dass gerade persönliche Momente eine befreiende Gleichmäßigkeit erhalten, zum Beispiel, wenn ich morgens früh – für die meisten Menschen mitten in der Nacht – aus meiner Zelle komme. Es ist klar, dass niemand das *Silentium*, die heilige Stille, durchbricht, wenn wir uns begegnen. Jeder hält sich daran. Benedikt legt größten Wert darauf, dass sich alle an die Absprachen halten und beispielsweise pünktlich bei Tisch sind. Wenn jemand wiederholt zu spät kommt, »versage man ihm die Teilnahme am gemeinsamen Tisch.« (RB 43,15)

Die Rollen sind klar verteilt. So ist der Leser im Refektorium nicht einfach ein x-beliebiger Bruder mit einer passablen Stimme. Er erhält eine Rolle, die beinahe dem Vorsteher der

Liturgie gleichkommt: »Wer den Dienst antritt, erbitte nach
der Messe und der Kommunion das Gebet aller, damit Gott
den Geist der Überheblichkeit von ihm fernhalte.« (RB 38,2)
Keine Selbstdarstellung also, sondern eine Feierlichkeit, die
wiederum ermöglicht, über vorgelesene Texte zu schmunzeln. Da ich als Deutscher in einem niederländischen Kloster
lebe und man die gegenseitigen Witze über die Eigenheiten
des jeweiligen Landes ja zur Genüge kennt, ist ein Scherz mit
den Mitbrüdern, wenn in einem kulturellen Buch über die
»deutsche Tugend der Pünktlichkeit« erzählt wird, durchaus
angebracht. Besonders dann, wenn ich nach einer Vorlesung
gerade zu spät zum Abendessen gekommen bin. Der Blick
der Mitbrüder spricht Bände: »So ›deutsch‹ bist du also gar
nicht.« Über diesen Eindruck bin ich als wenig patriotisch
eingestellter Mensch froh, aber andererseits schäme ich mich,
zu spät zu sein. Werde ich meiner eigenen Tradition gerecht?
Ein subtiles Spiel mit der Pünktlichkeit. Wir befinden uns als
Mönche in einer großen geschichtlichen Liturgie, die unser
Leben miteinander verbindet.

Rituale

Vergangenheit und Zukunft miteinander zu verbinden, gehört zu den wichtigsten Aufgaben von Ritualen. Der Historiker Jan Assmann nennt das ihre »konnektive Struktur«. Er
unterscheidet zwischen dem »kulturellen Gedächtnis« – einem Mythos, den wir mit den Menschen in unserer direkten
Umgebung teilen – und dem »kommunikativen Gedächtnis«,
das das kulturelle Gedächtnis im Heute lebendig hält.[48] Die
Verbindung von Vergangenheit und Zukunft erfordert eine
Haltung, die in vielen kleinen täglichen Ritualen verankert
sein muss. Nur so kann man sie verinnerlichen. Zu nichts anderem dienen die archaisch anmutenden Formen im Kloster.
Oft wundere ich mich darüber, wie stark doch die Wirkung
ist, die von solchen Ritualen ausgeht. Ihr altehrwürdiger

Charakter zieht Menschen in seinen Bann und beeinflusst ihr Verhalten unmittelbar. Als ich mit Hannahs Vater einmal in einem deutschen Kloster zu Gast war, saßen wir vor Beginn der Vesper noch ein paar Minuten in der Kirche. Da er damals mit klösterlichen Bräuchen noch nicht so vertraut war, schlug er entspannt die Beine übereinander. Ich blickte ihn erstaunt an, ohne ein Wort zu sagen, weil man in der Kirche nun einmal nicht spricht. Intuitiv stellte er rasch beide Beine auf die Erde, so wie es im Kloster üblich ist.

Das hat mehrere Gründe: Einerseits ist es wichtig, dass man in einer Gemeinschaft auch die Gesten aufeinander abstimmt. Andererseits, und das ist noch viel wichtiger, geht es darum, dass man wirklich ganz zugegen ist – mit beiden Beinen auf dem Boden. Als wir später darüber sprachen, sagte er mir: »Es ist schon komisch; so ein Gottesdienst fühlt sich ganz anders an, wenn man sich richtig hinsetzt.« Ich bekräftigte: »Wenn du das jeden Tag machst, wird dein ganzes Leben dadurch anders.« Die Gesten, die man nicht einfach unbedarft macht, wie man will, verändern unsere Gesamthaltung. Es sind oft Kleinigkeiten, aber auf lange Sicht setzen sie sich zu einem Gesamtbild zusammen. Steter Tropfen höhlt den Stein. Auch das ist nicht nur im Kloster so. In allen Lebenssituationen ist es hilfreich, Verhaltensweisen einzuüben und sich von anderen korrigieren zu lassen. Nur trauen wir uns oft nicht, es einzufordern. Es geht, wie der Benediktiner Elmar Salmann sagt, um den Mut zum »Stil«.[49]

Die kleine Hannah ist gerne bei uns im Kloster zu Besuch. Sie verhält sich spielerisch manchmal so wie wir Mönche: sie verbeugt sich und läuft mit ihren Eltern und mir in einer kleinen »Prozession« durch den Kreuzgang. Dieses Spiel lässt uns natürlich schmunzeln. Es ist jedoch auch der Beginn jener Verbindung von Vergangenheit und Zukunft, die sie intuitiv spürt. Wenn wir nicht »im Lichte der Ewigkeit« bei uns im Kloster wären, würde Hannah wahrscheinlich genauso ausgelassen tanzen wie auf dem Mittelaltermarkt. Der Unterschied zum Mittelaltermarkt ist, dass man im Kloster nicht so tut, als würde man in der Vergangenheit leben. Man *lebt* in der Gegenwart, und zwar ganz. Ich ziehe meinen Habit nicht aus, wenn ich wieder nach Hause komme. Ich *bin* im Kloster zuhause, und die kleine Hannah ist es auch, symbolisch versteht sich.

Faszination

Eine Faszination für Geschichte zu entwickeln, ist wunderbar. Aber Hannahs Bemerkungen auf dem Mittelaltermarkt zeigen, dass ihre Faszination nicht darin besteht, in eine Rolle zu schlüpfen und so zu tun als ob wir jemand anderer wären. Vielmehr hat sie mir gezeigt, dass Geschichte nur erlebbar ist, wenn man wirklich *ist*, an was man sich erinnert. Genau das ist auch die Anfrage, die ich vielen mittelalterlichen Events gegenüber habe: Handelt es sich um ein reines Hobby, um dem Alltag zu entfliehen? Bringt man seine Sehnsucht nach dem zum Ausdruck, was man *nicht* ist und nicht sein kann? Nicht selten bietet sich dieser Eindruck. So sagt auch der Historiker Anders Winroth über das Revival des Wikingers, einer sehr populären Figur auf allen Märkten, die auch Hannah fasziniert: »Es gibt heute vermehrt religiöse Nostalgiker, die die alte nordische Religion wiederauferstehen lassen wollen.« Das historische Bild, das dabei entsteht, ist nicht immer realistisch. Die Wikinger waren keine »wilden Barbaren, mit Hörnerhelmen, funkelnden Schwertern und scharfen Äxten«. Trotzdem »regen gerade diese Bilder unsere Phantasie an«[50]. Vor diesem Hintergrund stelle ich mir die Frage, ob es wirklich primär darum geht, herauszufinden, wie *der* Wikinger eigentlich war. Es ist faszinierend und notwendig, sorgfältig historisch zu forschen, aber im spirituellen Sinne geht es vielmehr darum, zu ergründen, was eine historische Figur *heute* bedeutet.

Ich erinnere mich an eine konkrete Begebenheit: mit Hannahs Vater besuche ich ein Konzert der norwegischen Folklore-Gruppe *Wardruna*. Der Sänger und intellektuelle Kopf Einar Selvik hat uns eingeladen. Er ist dafür bekannt, dass er nordische Mythologie sehr sorgfältig studiert und seine fundierten Einsichten in seinen Texten und seiner Musik verarbeitet. Was bedeutet ihm die »alte Religion«? – »Sie schafft vor allem Offenheit und Toleranz. Alles, was ich über diese Mythologie lerne, lässt mich mein eigenes Leben tiefer erfahren, vor allem die Natur. Ich beurteile andere Menschen nicht.« Kann er mich als christlichen Mönch denn akzeptieren, frage ich ihn? »Natürlich! Jeder, der wirklich nach dem Sinn seines Daseins sucht, ist willkommen. Christentum und nordische Religion haben, noch vor den vielen schrecklichen Auseinandersetzungen, friedlich zusammengelebt. Ich will nicht die Vergangenheit kopieren, sondern etwas Neues erschaffen, das genau diese Toleranz ermöglicht«, erklärt er mir.

In der Tat ich bin als Mönch davon direkt berührt: Leben wir in unserer Abtei wie Mönche der Vergangenheit? – Ja und nein, würde ich sagen. Unser Leben unterscheidet sich in vielem drastisch von der Zeit Benedikts und anderer großer Ordensgründer. Nicht die gute alte Zeit gilt es heraufzubeschwören, sondern das Heute. Spiritualität ermöglicht Dialog, und geschichtliches Wissen ist ein Zugang, der Begegnung möglich macht.

Hannah hatte also völlig Recht: »Ich habe den mittelalterlichen Hut doch *jetzt* auf dem Kopf?«, hatte sie protestiert. Sie war also keine »Wikingerbraut« im historischen Sinne. Aber sie war offen für die faszinierende Welt, die dieses mysteriöse kulturelle Gedächtnis bot. Und damit haben wir beide ein Band geknüpft, das wir hoffentlich nie mehr verlieren werden. Hannah fügte übrigens noch hinzu: »Ich behalte ihn ab jetzt immer auf!« Natürlich tat sie das nicht, obwohl sie ihn stolz mit in den Kindergarten nahm. Ihr Gefühl war aber meinem durchaus verwandt, wenn ich meinen Habit anziehe: »Ich behalte ihn ab jetzt immer an, denn ich *bin*, was dieses Gewand zum Ausdruck bringt, ich tue nicht nur als ob«.

Phantasie

Die Phantasie bietet uns unendliche Weiten, in denen wir uns begegnen, in die wir uns aber auch flüchten können. Ritualwissenschaftler Ronald L. Grimes definiert es folgendermaßen: »Mit Phantasie meine ich eine bestimmte Art der Vorstellungskraft, eine, die selbstbezogen ist und alles, was sich in mir selber befindet, auf andere projiziert. Wir nehmen andere an unserer Stelle wahr. Rituelle Phantasien lassen uns trügerische Bilder von dem heraufbeschwören, was wir gerne hätten.« Das ist verlockend und zieht viele auf Mittelaltermärkte und Wikingerkonzerte. Aber droht nicht die Gefahr, dass man dadurch seine Faszination zu einem flachen, verbürgerlichten Ventil verkommen lässt, das wenig mit dem echten Leben zu tun hat? Grimes spricht von einer »stimmungsvollen Lehnstuhlphantasie, die uns in eine Zukunft führt, die positiv und persönlich zu sein scheint«. Eine solche Zukunft kann es aber nur geben, wenn man sein rituelles Erleben der Vergangenheit nicht als Flucht sieht, sondern als eine konstruktive Weise, etwas zur eigenen Kultur und Identität beizutragen.

Ich habe in Gesprächen mit Künstlern auf Mittelalterspektakeln und -konzerten viele Weggefährten getroffen, die durchaus die Tugenden ihrer Tradition mit den meinen zu verbinden wussten, Oliver und Einar sind gute Beispiele dafür. Es gibt nämlich durchaus noch Wikinger, sei es im übertragenen Sinne: Regelmäßigkeit, Gerechtigkeit, Treue und die Disziplin, sein Leben immer mehr seinen Idealen anzupassen, sind Tugenden der Wikinger. Die heutigen Wikinger arbeiten in Büros, Schulen oder Fabriken, und mit ihnen fühle ich mich verwandt. Die Offenheit für den letzten Sinn des Lebens teilen wir alle. Das ist kein naiver Rückzug, sondern lässt uns radikal aus der Vergangenheit im Heute leben. Wenn ich diese Welt als Mönch ein wenig bereichern kann, macht mich das glücklich.

Auch das Klosterleben darf nicht zu einem bequemen Ausweg aus der Unzufriedenheit mit der eigenen Kultur werden. Klöster waren noch nie Fluchtorte für gescheiterte Existenzen. Im Gegenteil, sie haben stets einen entscheidenden Beitrag zum gesellschaftlichen Fortschritt geleistet. Das bestätigt Historiker Melville am Beispiel der Wissenschaft: »Ohne den klösterlichen Drang nach Wissen hätten viele Fragen nie gestellt werden können, die sich mit anthropologischer Tiefe auf das Verhältnis zwischen Vernunft und Glauben richteten und die damit von existentieller Bedeutung waren.« Das Wissen und der Fortschritt waren also nie ein Selbstzweck, sondern sie wurden mit dem Verlangen nach Gott, Ursprung und Ziel unseres Tuns, verbunden. Was immer jeder für sich heute darunter verstehen mag, wie jeder dieses Verlangen auch für sich nennen und zum Ausdruck bringen mag: es geht – in aller Offenheit – um das höchste Gut.

Wenn man seine Wut und seine Unzufriedenheit über das, was in unserer Gesellschaft passiert, heiligen will, dann bringt es nichts, davonzulaufen. Ich habe mich oft nach einer anderen Welt gesehnt und tue es auch heute noch. Diese Welt ist aber nicht einfach so in der Vergangenheit zu finden. Aus einer gelebten Vergangenheit heraus liegt sie im Heute und in der Zukunft. Wäre das nicht so, würde ich mit einem Mönchs*kostüm* herumlaufen. Zum Spaß sagte einmal ein schlagfertiger Marktbesucher bei einem Spektakel zu mir: »Wenn du in deiner Mönchstracht gekommen wärst, hättest du bestimmt den Preis für das authentischste Kostüm gewonnen.« Ich selbst glaube das nicht, denn unser Habit ist nicht das, was man sich unter einem opulenten historischen Gewand vorstellt. Es wäre mir aber auch ganz und gar nicht daran gelegen. Als ich ihn hinter der Bühne beim Wikingerkonzert trug, wunderte sich keiner darüber. Hier erstaunte es wohl niemanden, dass ich so wie viele andere offen und tolerant aus meiner eigenen Tradition heraus lebe.

Ewigkeit

Die Offenheit für die Ewigkeit wird mir nirgendwo so klar wie auf unserem Klosterfriedhof. Ich besuche, wenn es mir möglich ist, nach altem klösterlichen Brauch jeden Tag kurz unsere verstorbenen Mitbrüder. Dieser Ort hat nichts Bedrückendes, nichts, was mir Angst machen würde. Vielmehr finde ich es tröstlich und aufmunternd, dass dort jene Männer ruhen, die genau das getan haben, was ich auch versuchen möchte. Ich werde dabei immer ganz demütig und mutig zugleich. Wenn man Geschichte wirklich offen für die Ewigkeit lebt und dafür Raum in seinem Leben schafft, dann ist der Tod nicht mehr bedrohlich. Benedikt mahnt uns in seiner Regel zu einem Leben mit dem Tod: »Den unberechenbaren Tod täglich vor Augen haben.« (RB 4,47) Es geht ihm nicht darum, dass wir ansonsten »kalt erwischt werden« könnten. Vielmehr ist es ein »Werkzeug der geistlichen Kunst«.

Der Tod von Mitbrüdern führt mir nicht nur meinen eigenen Tod vor Augen, sondern er lässt mich auch erfahren, was es heißt, Mönch zu sein. Das Gedächtnis bietet den Rahmen dafür: die Vergangenheit ist unsere Zukunft. Die verstorbenen Mitbrüder sind genauso bei mir wie die Lebenden. Kein schwacher Trost, keine Relativierung des Unvermeidlichen, sondern eine Radikalisierung. Je nach Lebenslage kann es bei der Auseinandersetzung mit dem Thema Tod zu Verdrängungsmechanismen oder Depressionen kommen. Die klösterliche Struktur hilft mir dabei, nicht darin zu versanden. Wenn ich nämlich auf dem Friedhof bin, für die Verstorbenen bete, dann höre ich meistens aus der Ferne unsere Klosterglocke, die mich zum Gottesdienst ruft. Die Form fängt mich so direkt wieder auf, und ich kann meine eigene kleine Geschichte in die große Geschichte einreihen, die hier Wirklichkeit wird. Ich denke dann an meinen verstorbenen

Vater, mein großes Vorbild für die Suche, dem ich unendlich dankbar bin. Ich trage ihn mit in die Vesper.

Auch mit der kleinen Hannah besuche ich gern unseren Friedhof. Auch sie hat dort keine Angst. Sie spürt intuitiv, dass wir hier zusammen mit den Toten sind. »Diese Mönche haben hier auch alle mal gelebt«, erzähle ich ihr. »Warum *haben*? Sie sind doch auch noch da?«, sagt sie und schaut mich mit ihren großen braunen Augen an. Und sie hat natürlich wieder einmal recht. Insgeheim schäme ich mich für meinen nüchternen Erklärungsversuch und nehme mir vor, von Hannah immer alles anzunehmen, was sie mir für mein Leben als Mönch mit auf den Weg gibt. Unbefangenheit ist nämlich etwas ganz anderes als Flucht. Hannah flieht nicht, sie läuft nicht weg. Ich wünsche ihr von Herzen, dass sie ihren eigenen Rahmen, ihre eigene Lebensform, findet. Dass sie Geschichte lebt, wie sie es in vielen Situationen heute kindlich spielt, nicht zuletzt auch im Kloster. Auch wenn sie vielleicht nie regelmäßig in einem Kloster sein und schon gar nicht leben wird, wünsche ich ihr Gesten und Rituale, die ihr Leben »klösterlich« machen. Keine Hektik, keine Bequemlichkeit, sondern ein mutiges Voranschreiten in der Zeit. Dann wird sie Edelfrau und Nonne in einem, wie immer sich ihr Leben auch gestalten mag, durch alle Verstörungen hindurch.

Möge es für uns alle so sein!

Anmerkungen

1   Thomas Bernhard: *Verstörung*. Roman. Frankfurt a.M.: Suhrkamp 1988, 5.

2   Max Weber: *Wirtschaft und Gesellschaft. Grundriss der verstehenden Soziologie*. Tübingen: Mohr 1976, 328.

3   Benedikt von Nursia: *Regel*. Herausgegeben im Auftrag der Salzburger Äbtekonferenz. Beuron: Beuroner Kunstverlag 2006. Abgekürzt als RB.

4   Thomas Merton: *Keiner ist eine Insel. Betrachtungen über die Liebe*. Düsseldorf: Patmos 2005, 77.

5   Roy Rappaport: *Ritual and Religion and the Making of Humanity*. Cambridge: Cambridge University Press 1999, 263.

6   Victor W. Turner: *Das Ritual. Struktur und Antistruktur*. Berlin: Campus 2005, 5.

7   Ronald L. Grimes: *Deeply into the Bone. Re-inventing Rites of Passage*. Berkeley: University of California Press 2000, 91.

8   Arnold van Gennep: *Übergangsriten (Les rites de passage)*. Berlin: Campus 2005, 10.

9   Émile Durkheim: *Die elementaren Formen des religiösen Lebens*. Frankfurt a.M.: Verlag der Weltreligionen 2007, 71.

10 Ronald L. Grimes: *The Craft of Ritual Studies*. Oxford & New York: Oxford University Press 2014, 315–316.

11 Jonathan Z. Smith: *To Take Place. Toward Theory in Ritual*. Chicago: University of Chicago Press 1992, 1.

12 Louis-Marie Chauvet: *Symbol und Sakrament. Eine sakramentale Relecture der christlichen Existenz*. Theologie der Liturgie. Stuttgart: Friedrich Pustet 2017, 340.

13 Erich Zenger: *Psalmen. Auslegungen. Band 1: Mit meinem Gott überspringe ich Mauern*. Freiburg i.Br.: Herder 2011, 221.

14 Thomas Quartier: »Spiritualität in der Klosterkirche. Empirisch-liturgische Impressionen aus der Abtei Gerleve«. *Erbe und Auftrag* 2 (2015), 163–172.

15 Gregor der Große: *Der hl. Benedikt. Buch II der Dialoge*. Herausgegeben im Auftrag der Salzburger Äbtekonferenz. St. Ottilien: EOS 2008, 107–109.

16 Giorgio Agamben: *Höchste Armut. Ordensregeln und Lebensform*. Homo Sacer IV,1. Frankfurt a.M.: S. Fischer 2012, 28.

17 Konstantin Wecker: *Dann denkt mit dem Herzen. Ein Aufschrei in der Flüchtlingsdebatte*. Gütersloh: Gütersloher Verlagshaus 2016, 25.

18 Arno Gruen: *Der Fremde in uns*. Stuttgart: Klett-Cotta 2002, 5.

19 Michael Casey: *Wahrhaftig leben. Die Lehre des heiligen Benedikt über die Demut*. St. Ottilien: EOS 2012, 9; 20.

20 Arno Gruen: *Wider den Gehorsam*. Stuttgart: Klett-Cotta 2014, 9; 65; 85.

21 Arno Gruen: *Wider die kalte Vernunft*. Stuttgart: Klett-Cotta 2016, 104–105.

22 Arno Gruen: *Wider den Terrorismus*. Stuttgart: Klett-Cotta 2015, 71.

23 Jürgen Habermas: *Theorie des kommunikativen Handelns. Bd. 1: Handlungsrationalität und gesellschaftliche Rationalisierung*. Frankfurt a. M.: Suhrkamp 1987, 385.

24 John Milbank etc. (Hg.): *Radical Orthodoxy. A New Theology*. London & New York: Routledge 1999, 1.

25 Peter Sloterdijk: *Du musst dein Leben ändern. Über Anthropotechnik*. Frankfurt a. M.: Suhrkamp 2009, 396–399.

26 Anselm Grün: *Benedikt von Nursia*. Meister der Spiritualität. Freiburg i. Br.: Herder Spektrum 2002, 49.

27 Rod Dreher: *The Benedict Option. A Strategy for Christians in a Post-Christian Nation*. New York: Penguin 2017, 2.

28 Hartmut Rosa: *Resonanz. Eine Soziologie der Weltbeziehung*. Frankfurt a. M.: Suhrkamp 2016, 34.

29 Bob Dylan: *Planetwellen. Gedichte und Prosa*. Hamburg: Hoffmann & Campe 2017, 449.

30 Knut Wenzel: *HoboPilgrim. Bob Dylans Reise durch die Nacht*. 2. Erweiterte Auflage. Mainz: Matthias Grünewald 2016, 11.

31 Heinrich Detering: *Bob Dylan*. Stuttgart: Reclam 2016, 11; 19; 38.

32 Bob Dylan: *Lyrics 1962–2012. Sämtliche Songtexte*. Deutsch von Gisbert Haefs. Hamburg: Hoffmann & Campe 2016, 330. Deutsche Übersetzung: »Du hast immer gelacht / Über alle, die draußen rumhingen / Jetzt redest Du nicht mehr so laut / Jetzt wirkst Du nicht mehr so stolz / Darauf, dass Du in Mülltonnen Deine nächste Mahlzeit suchen musst. / Wie fühlt man sich / Wenn man ohne Zuhause ist / Wie ein vollkommen Unbekannter / Wie ein rollender Stein.«

33 Bob Dylan: *Lyrics*, 876. Deutsche Übersetzung: »Du streifst eine weitere Hautschicht ab / Bleibst dem Verfolger in Dir einen Schritt voraus / Jokerman, tanz zur Nachtigallenmelodie / Vogel, flieg hoch im Licht des Mondes.«

34 Bob Dylan: *Chronicles. Volume One*. Hamburg: Hoffmann & Campe 2004, 11.

35 Bob Dylan: *Lyrics*, 164. Deutsche Übersetzung: »Der Strich ist gezogen / Der Fluch ist gesprochen / Wer heute langsam ist / Wird

später schnell sein / / Wie die Gegenwart von heute später Vergangenheit sein wird / Die Ordnung verfällt rasch / Und der
Erste von heute wird später Letzter sein / Denn die Zeiten ändern sich.«

36 Bob Dylan: *Lyrics*, 110. Deutsche Übersetzung: »Wie oft muss
einer aufblicken / Bis er den Himmel sieht? / Wie viele Ohren
muss einer haben / Bis er Menschen weinen hört? / Wie viele
Tode sind nötig, bis er weiß / Dass zu viele Menschen gestorben
sind? / Die Antwort, mein Freund, verweht grad mit dem Wind.«

37 Bob Dylan: *Lyrics*, 854. Deutsche Übersetzung: »Ich starre in den
Eingang der zornigen Flamme der Versuchung / Und so oft ich
dort vorbeikomme, höre ich meinen Namen / Später dann auf
meiner Reise beginne ich zu begreifen / Dass jedes Haar gezählt
ist wie jedes Körnchen Sand.«

38 Bob Dylan: *Lyrics*, 1064. Deutsche Übersetzung: »Ich wurde hier
geboren und werde hier sterben gegen meinen Willen / Ich weiß,
es sieht aus, als bewegte ich mich, aber ich stehe still / Jeder Nerv
in meinem Körper ist ausgehöhlt und taub / Ich weiß nicht mal
mehr, wovor ich hierher weggelaufen bin / Ich höre nicht mal
das Murmeln eines Gebets / Es ist noch nicht dunkel, aber bald
ist es soweit.«

39 Jürgen Goldstein: »Unsere Tage sind gezählt«, in: Knut Wenzel
(Hg.), *Code of the Road. Dylan interpretiert*. Stuttgart: Reclam 2013,
291.

40 Bob Dylan: *Lyrics*, 778. Deutsche Übersetzung: »Du magst Bot-
schafter sein in England oder Frankreich / Du magst gern spielen, du magst gern tanzen / Du magst Weltmeister im Schwer-
gewicht sein / Du magst zur feinen Gesellschaft gehören, mit
langer Perlenkette. / Aber irgendwem musst du dienen, ja bestimmt / Das mag der Teufel sein oder der Herr / Aber irgendwem musst du dienen.«

41 Victor W. Turner: *Vom Ritual zum Theater. Der Ernst des menschlichen Spiels*. Berlin: Campus 2009, 15.

42 Catherine Bell: *Ritual. Perspectives and Dimensions*. Oxford &
New York: Oxford University Press 2009, 160.

43 Music Aeterna & Teodor Currentzis: *Le Sacre du Printemps*. Sony
Music Classical 2015.

44 Marius Monnikendam: *Strawinsky*. Haarlem & Antwerpen: Uit-
geverij J. H. Gottmer 1958, 105.

45 Hans Joas: *Braucht der Mensch Religion? Über Erfahrungen der
Selbsttranszendenz*. Freiburg i. Br.: Herder Spektrum 2004, 18.

46 Rudolf Otto: *Das Heilige*. München: C. H. Beck 2004, 13.

47 Gert Melville: *Die Welt der mittelalterlichen Klöster*. München: C.H. Beck 2012, 11; 316–317.

48 Jan Assmann: *Das kulturelle Gedächtnis. Schrift, Erinnerung und politische Identität in frühen Hochkulturen*. München: C.H. Beck 2013, 48.

49 Elmar Salmann: *Geistesgegenwart. Figuren und Formen des Lebens*. St. Ottilien: EOS 2010, 25.

50 Anders Winroth: *Die Wikinger. Das Zeitalter des Nordens*. Stuttgart: Klett-Cotta 2016, 18–19; 247.